跨文化交际视角下的
高校日语教学策略研究

闫姗姗 著

全国百佳图书出版单位 吉林出版集团股份有限公司

图书在版编目（CIP）数据

跨文化交际视角下的高校日语教学策略研究／闫姗姗著．－－长春：吉林出版集团股份有限公司，2024.3
　　ISBN 978-7-5731-4712-7

Ⅰ.①跨… Ⅱ.①闫… Ⅲ.①日语-教学研究-高等学校 Ⅳ.①H369.3

中国版本图书馆 CIP 数据核字（2024）第 058770 号

KUA WENHUA JIAOJI SHIJIAO XIA DE GAOXIAO RIYU JIAOXUE CELÜE YANJIU
跨文化交际视角下的高校日语教学策略研究

著：闫姗姗
责任编辑：朱　玲
封面设计：冯冯翼
开　　本：720mm×1000mm　1/16
字　　数：210 千字
印　　张：11
版　　次：2024 年 3 月第 1 版
印　　次：2024 年 3 月第 1 次印刷

出　　版：吉林出版集团股份有限公司
发　　行：吉林出版集团外语教育有限公司
地　　址：长春市福祉大路 5788 号龙腾国际大厦 B 座 7 层
电　　话：总编办 0431-81629929
印　　刷：三河市金兆印刷装订有限公司

ISBN 978-7-5731-4712-7　　　　定　价：66.00 元
版权所有　侵权必究　　　　　　举报电话：0431-81629929

前　言

随着中日两国在经济文化方面交流的加深，国家对高素质日语专业人才的需求量越来越大，培养学生的跨文化交际能力、提升学生的日语专业水平变得越来越重要。而高校日语教学承担着培养优秀日语人才的责任，提升高校日语的教学水平，着重培养学生的跨文化交际能力，对进一步加深中日两国的交流与合作具有十分重要的意义。可见，跨文化交际活动不仅可以激发学生学习日语的积极性和主动性，还可以加深学生对日语知识的记忆与理解，帮助学生更好地了解日本文化和运用日本文化。

中国与日本的地理位置相近，在经济全球化的背景下，我国与日本之间的贸易往来较为频繁，这促使我国的日语教学越来越普遍，日语也逐渐受到了教育工作者的重视。语言是文化的载体，是文化的主要表现形式，每一种语言背后都有其独特的文化背景。日语是有着多样性文化背景的一门语言，因而在日语的教学过程中，教师除了按照大纲要求教授日本文字、发音、词汇、语法等基础知识之外，还应注重导入相关的日本文化背景知识。这是因为语言与文化有着非常密切的关系，任何语言都不可能脱离文化而独立存在，每一种语言均带有其所属国的文化特征。鉴于高校日语教学中存在的问题，要想有效培养学生的跨文化交际能力，就必须创新高校日语的教学策略、提升日语教师的专业水平、拓展日语的交际环境，这样才能够不断提升高校日语教学的质量。

高校日语教学策略对学生有着重大的影响，它直接关系着学生对日语学科的理解和运用。当前我国高校采用的日语教学策略不够先进，师生的跨文化交际意识淡薄，这严重影响了我国的日语教学质量，同时也给学校的日语教学未来的发展造成了一定的影响。因此，教师要积极地对跨文化交际视角下的高校日语教学策略进行研究，在教学实践中尝试运用创新的日语教学策略，如日语情境教学法等，从而促使日语教学的质量能够得到有效的提升。目前，市面上已经出现了一些有关高校日语教学的著作，《跨文化交际视角下的高校日语教学策略研究》一书以更加系统、全面的角度分析了跨文化交际视角下的高校日语教学策略有关的内容。

　　本书是一本研究基于跨文化交际的高校日语教学策略的著作。其分析了高校日语教学和跨文化交际的相关基础性知识，如日语教学的原则、日语教学的理论基础等，这样可以使读者对高校日语教学有宏观的了解；进一步阐述了跨文化交际与高校日语教学的融合；探讨了几种跨文化交际视角下的高校日语教学策略，即日语文化教学策略、日语情境教学策略、日语新媒体教学策略、日语技能教学策略。这些不同的日语教学策略都能够提升高校日语的教学水准；详细研究了高校日语教学中学生跨文化交际能力培养的相关内容，层次鲜明。

　　我们需要明确的是，基于跨文化交际的高校日语教学策略的种类比较多，因此，对其进行研究是有必要的。虽然作者的研究内容有限，但是也希望能给其他的研究提供一定的参考。全书以跨文化交际视角下的高校日语教学策略为主题进行论述，分析和论述了当前相关领域的研究成果以及自己的理论和见解。在写作本书的过程中，我们得到了相关领导以及朋友的支持与帮助，在此表示衷心感谢。由于水平有限，书中难免存在不妥之处，恳请广大读者不吝指正。

目　录

第一章　高校日语教学概述 ……………………………………………… 1
　　第一节　日语教学的理论基础 ………………………………………… 1
　　第二节　日语教学的现状和方法 ……………………………………… 6
　　第三节　日语教学的原则和评价 ……………………………………… 15
第二章　跨文化交际的理论基础 ………………………………………… 22
　　第一节　文化、语言与交际 …………………………………………… 22
　　第二节　跨文化交际的基础知识 ……………………………………… 28
　　第三节　跨文化交际学 ………………………………………………… 32
　　第四节　跨文化交际伦理规范构建 …………………………………… 36
第三章　跨文化交际与高校日语教学的融合 …………………………… 43
　　第一节　跨文化交际视角下高校日语教学的影响因素 ……………… 43
　　第二节　日语教学中的语用失误现象分析 …………………………… 48
　　第三节　跨文化交际与外语教学 ……………………………………… 51
　　第四节　跨文化交际视角下高校日语教学的意义和策略 …………… 55
第四章　跨文化交际视角下的高校日语文化教学策略 ………………… 59
　　第一节　文化教学法概述 ……………………………………………… 59
　　第二节　文化与外语教学的关系 ……………………………………… 62
　　第三节　日语语言文化的特征 ………………………………………… 66
　　第四节　日语课堂中文化导入的必要性和方法探究 ………………… 69
　　第五节　文化教学法在高校日语教学中的应用策略 ………………… 75
第五章　跨文化交际视角下的高校日语情境教学策略 ………………… 78
　　第一节　情境教学法概述 ……………………………………………… 78
　　第二节　日语情境教学活动的组织 …………………………………… 84

第三节　VR 教学在高校日语情境教学中的运用……………… 88
　　第四节　日语情境教学中移情能力的培养 ………………………… 91
　　第五节　情境教学法在高校日语教学中的应用策略 ……………… 93

第六章　跨文化交际视角下的高校日语新媒体教学策略 ……………… 98
　　第一节　跨文化交际视角下的高校日语微课教学 ……………… 98
　　第二节　跨文化交际视角下的高校日语慕课教学 ……………… 105
　　第三节　跨文化交际视角下的高校日语翻转课堂教学 ………… 112
　　第四节　跨文化交际视角下的高校日语雨课堂教学 …………… 118

第七章　跨文化交际视角下的高校日语技能教学策略 ………………… 122
　　第一节　跨文化交际视角下日语听力教学 ……………………… 122
　　第二节　跨文化交际视角下日语口语教学 ……………………… 128
　　第三节　跨文化交际视角下日语阅读教学 ……………………… 132
　　第四节　跨文化交际视角下日语写作教学 ……………………… 136
　　第五节　跨文化交际视角下日语翻译教学 ……………………… 139

第八章　高校日语教学中学生跨文化交际能力的培养 ………………… 146
　　第一节　跨文化交际意识和跨文化交际能力 …………………… 146
　　第二节　高校日语教学中培养跨文化交际能力的必要性 ……… 152
　　第三节　高校日语教学中跨文化交际能力培养存在的问题 …… 152
　　第四节　高校日语教学中学生跨文化交际能力的培养路径 …… 154

参考文献 ……………………………………………………………………… 163

第一章　高校日语教学概述

随着当代中日双方经贸往来的日益频繁，我国社会各界也需要熟悉日语这门语言的专业人才，这也凸显了高校日语教学的重要性。本章首先分析了日语教学的理论基础，接着进一步探讨了日语教学的现状和方法，最后详细地研究了日语教学的原则和评价等相关的内容。

第一节　日语教学的理论基础

一、哲学理论

哲学，特别是辩证唯物主义认识论和方法论是日语教学法的指导思想的理论基础，是认识日语教学法中各种矛盾的本质和正确处理矛盾的根本武器。哲学的理论性质与哲学的思维方式是相互规定的。① 在研究日语时，我们要肯定教学规律是客观存在的，不以人们的主观意志为转移，同时还要认识到随着科学的进步和时代的发展，我们对教学方法的研究也会随之发展变化。就外语教学法体系而言，它经历了语法翻译法、直接法、自觉对比法、口语法、视听法、认知法、自觉实践法、功能法、交际法等阶段。每一种教学方法的出现都是与各种方法相互交叉、互为补充的，是为适应当时社会历史时期外语教学需求而产生的。每一种方法的产生又对旧的教学方法产生了推进和促进作用，完善了旧的教学方法所没有涵盖的内容。辩证唯物主义关于发展的观点揭示了人们对外语教学发展过程和一般规律的认识过程。

此外，任何教学法理论都要受到教学实践的检验。日语教学是一个多组成

---

① 刘静. 哲学与美学的历史维度 [M]. 长春：吉林人民出版社，2021：9.

（教学内容的多样性）、多层次（教学目的的多样性）、多因素的复杂过程，存在多重矛盾。因而人们在探索过程的规律、观察矛盾的对立、统一和发展时，必须联系具体的时间、地点、对象、条件，注意矛盾的共性和个性，注意矛盾的主要方面，坚持具体问题具体分析。总之，马克思主义哲学理论是人们研究日语教学法的根本思想武器。

二、教育学理论

教育学要求把日语教学作为整个教育活动的一个组成部分，促使学生全面发展，日语教学既是教育的目的，又是教育的手段。教育学所阐明的原理、原则对整个学校教育、对学校的各门课程都有指导作用。

教学论也称普通教学法，是教育学的一个重要组成部分，它专门研究教学过程及其规律。教学论和学科教学法，包括外语教学法中的日语教学法，既有密切联系，同时又有区别。教学论研究学校各门课程的一般教学过程和规律，它所论述的教学原理、原则及教学方法是从各门学科教学法大量材料中分析、概括、提炼出来的，对各门学科的教学都有指导意义。而学科教学论在研究学科教学理论的同时，一方面要以教学论所阐述的原理和原则为指导，另一方面又要以自己的研究成果充实和丰富教学论理论。教学论是教育科学中与日语教学法有直接关系的科学。

三、心理学理论

心理学是研究人们的心理过程，研究人们的思维、记忆、想象、意志等心理过程及其规律的科学。人的心理就是脑的特征，生理是心理的基础。教学活动是师生的共同活动，教学的成败取决于师生双方的积极性。学习的过程是认知的过程，与心理活动密不可分。为把教学组织得合理并卓有成效，人们要关注教学实施者的教师心理和作为教学主体的学生心理，了解他们的一般生理和心理特点，掌握师生在教学过程中的心理规律、智力因素、非智力因素和个性因素的和谐作用。行为主义心理学和认知心理学的基本规律是指导日语技能训练和日语学习能力培养的重要依据。心理学可以指导教师和学生在教学过程中找到动机、自尊、自信、自觉性、自主感、记忆技巧及规律等。

教育心理学是研究学生在教育影响下形成道德和品质、掌握知识和技能、发展智力和个性的心理规律，是与日语教学法紧密相联的学科。教育心理学关于学习动机、兴趣、学习知觉、表象、思维的相互作用的研究以及关于掌握知识和技能的心理规律的研究等，都与日语教学法有着直接的关系。

心理语言学或语言心理学研究人们习得、学习和使用语言的心理规律，主要侧重于母语和第二语言的习得和学习等的心理规律。它关注不同年龄、母语水平、学习环境和学习动因、学习内容对第二语言学习的影响。心理语言学的研究成果有助于日语教学法建立新的理论，对日语教学实践有指导作用。

四、语言学理论

语言是交际的最重要的工具。[①] 学习语言要注意它的物质结构，更要注重其交际功能。任何外语课程的最终目标都是要使学生利用所掌握的语言知识达到交际的目的。语言是思维的外壳，母语水平是思维能力的重要反映，母语思维习惯对外语思维习惯的养成具有干扰作用。语言和言语是不同的概念，其中语言是音义结合的词汇和语法的体系，言语是在特定的语境中为完成特定任务时对语言的使用。此外，语言和言语互为依存。语言的社会功能表现为言语时才能体现；言语要以语言为基础，不能脱离语言规则。语言是体系，言语是行为。日语教学深受语言学理论的影响，其中受社会语言学理论、应用语言学理论、二语习得理论等理论的影响尤为突出。

（一）社会语言学理论

社会语言学兴起于20世纪五六十年代，它是一门涉及语言学、人类学、社会学、社会心理学、大众传媒、交际学等学科的边缘学科，主要研究的是语言与社会的关系问题。社会语言学的研究范围非常广泛，根据研究对象的不同，可以将社会语言学分为微观社会语言学与宏观社会语言学。微观社会语言学主要研究的是社会发展过程在语言中的体现，如性别、年龄、教育水平、社会阶级等因素与语言的关系等。宏观社会语言学主要研究的是语言规划、语言政策、双语教育、语言规范化等整体性、全局性的问题。

日语教学深受社会语言学理论的影响，该理论强调语言习得的社会性，将语言学习视为某一特定语言团体中进行社会交际和实践学习的过程。因此在语言学习过程中要重视为学习者提供真实性的社会交际机会，促使学习者对社会需要的语言技能进行训练。

（二）应用语言学理论

应用语言学理论是由波兰语言学家库尔特内在1870年提出的，这门学科于20世纪40年代建立起来，在20世纪60年代得到蓬勃发展。应用语言学是

[①] 李红侠，春光. 中外语言教学研究[M]. 延吉：延边大学出版社，2019：29.

一门交叉学科，涉及很多边缘学科，即结合了信息论、心理学、社会学、计算机科学、控制论、教育学等多门学科。它根据社会的实际需要，对语言进行多方面、多层次的研究。

从广义层面上说，应用语言学指的是将语言学知识运用于对实际问题的解决上，包含标准语的建立、语言教学、辞书编纂、翻译等。从狭义层面上说，应用语言学指的是语言学理论应用于语言教学，尤其是第二语言的教学。随着社会的进步，语言学研究在不断加深，应用语言学的研究范畴也逐渐扩大，突破了语言教学与语言学习的界限，扩展到语言规划、语言信息处理等层面。

（三）二语习得理论

20世纪60年代末，二语习得理论作为一门学科诞生。与其他学科相比，二语习得研究属于一个新的领域，该理论的主要派别可以分为三大类：先天论、环境论以及相互作用论。二语习得理论涉及三大领域：学习者内部因素研究、学习者外部因素研究、中介语研究。二语习得理论是在认知科学的理论上建立起来的。从认知科学出发，二语习得是人类先天存在的语言习得机制。克拉申提出的二语习得理论的核心是：习得—学得假说、自然顺序假说、监控假说、输入假说、情感过滤假说。①

1. 习得—学得假说

习得是指学习者无意识地、自然地、不自觉地学习语言的过程。学习者通过"习得"能获得语言知识和语言能力。

学得是指学习者有意识地、正式地、自觉地学习语言的过程。学习者通过"学得"能获得语言规则。

2. 自然顺序假说

克拉申提出了自然顺序假说，说明习得语言结构是有一定次序的。该假设指出，一种语言的语法规则或结构是依据特定的、可预知的顺序而习得的。在第二语言（外语）学习中，这一情况也是适用的。

在把日语作为第二语言学习的过程中，儿童与成年人对进行时的掌握通常都比对过去时的掌握要早，对名词复数的掌握要比对名词所有格的掌握要早。但是，在克拉申看来，人们在制订教学大纲时无须将自然顺序假说作为依据。实际上，如果外语教学的目的是使学生习得某种语言能力，那么教学的实施可不必依据任何语法顺序来进行。

---

① 刘雨蓓. ESP教学方法改革与教师专业发展研究［M］. 青岛：中国海洋大学出版社，2019：121.

3. 监控假说

克拉申的监控假说将"习得"与"学得"在二语能力发展中的作用区分开来。前者用于语言输出，培养学习者的语感，在交际中说出流利的语言；后者用于语言监控，即监控学习者的语言输出过程，以检测在交际中学习者是否运用了准确的语言。克拉申还指出，学得的监控作用有限，其监控受以下条件的限制。

（1）具备足够多的时间。

（2）对语言形式而不是语言的意义进行关注。

（3）对语言规则有大致的了解。

基于这些条件，克拉申根据监控力度的不同将学习者分为三种类型：一是监控过度的学习者；二是监控不足的学习者；三是监控合理的学习者。

4. 输入假说

在克拉申看来，学习者要想获得"可理解性输入"，其输入不能太难，也不能太简单。可理解性输入的公式为：$i+1$。其中，i 代表学习者现有的语言能力，1 代表略高于现有语言能力的信息。输入假说的内容主要包括以下几点。

（1）与习得有关，与学得无关。

（2）学习者要习得第二语言，必须先掌握略高于现有语言水平的语言规则。

（3）当进行理解输入时，$i+1$ 模式会自动包含在内。

（4）语言能力是自然形成的，并非通过教育所得。

5. 情感过滤假说

克拉申的情感过滤假说是将情感因素纳入第二语言习得的过程中，他认为情感变量会对第二语言习得产生一定的影响，这些情感变量有学习动机、自尊心、自信心、焦虑感等。

语言监控理论的运行过程可总结为：习得与学得的语言知识共同构成了人们大脑中的语言知识系统。学得的语言知识在语言输入前和输出后发挥着监控功能。

语言和言语的关系表明，日语教学的最终目的应该是培养言语能力或交际能力。日语教学的内容不仅指语言知识，也指听说读写行为，教学方法不仅要根据学习语言知识的需要进行设计，更要根据培养听说读写的能力需要进行设计。

五、现代教育技术理论

教育技术是指对学习过程和学习资源进行设计、开发、运用、管理和评价的理论与实践。教育技术作为进行教育、教学活动的手段、方法和技巧，它的历史应该比较久远。① 教育技术的研究对象是学习过程和学习资源。教育技术有三个基本的属性：第一，教育技术是应用系统方法来分析和解决日语学习问题的过程，其宗旨是追求教育的最优化。第二，教育技术分为有形技术和无形技术两大类。有形技术是指利用自然科学、工程技术学的成果，把物化形态的技术应用于日语教育，借以提高教学效率的技术。它包括从黑板、粉笔等传统的教具到多媒体计算机及网络等一切可以利用于教学的器材、设施、设备等及相应的软件；无形技术主要指利用教育学、心理学、系统科学、传播学等方面的成果以优化教育过程的技术。第三，教育技术依靠开发、利用所有的学习资源来达到自己的目的。学习资源分为人员、材料、设备、技术和环境，这些资源主要来自两个方面：一个方面是专门为日语学习的目的而设计出来的资源，如课本、计算机课件、投影机、教室、操场等，另一个方面是现实世界中原有的可被利用的资源，如报刊、展览、影视、生产现场、竞赛等。

现代教育技术是把现代教育理论应用于日语教育、教学实践的现代教育手段和方法的体系，它包括以下三个方面：第一，日语教育教学中应用的现代技术手段，即现代教育媒体。第二，运用现代教育媒体进行日语教育、教学活动的方法，即媒体教学法。第三，优化日语教育、教学过程的系统方法，即教学设计。随着网络的普及，微课、慕课、翻转课堂、在线学习等已经逐步应用到日语教学活动中，现代教育技术对日语教学的影响越来越大。

第二节　日语教学的现状和方法

一、日语教学的现状

（一）日语教学内容和资源陈旧

首先，高校的日语教学教材单一，基本上是承前教学，其更新速度慢、主次不够明确。事实上，多数学生在进入高校日语学习之前就已经掌握了一些基本的日语知识，高校的课本覆盖了这些基本知识，重复教育的现象较为明显，并没有凸显出重要的知识点。其次，原本完整的日语教学系统被打破，为了扩

---

① 何源，刘振鹏，向丽娟. 教育技术与思想教育研究 [M]. 汕头：汕头大学出版社，2021：1.

大招生，部分高校盲目地细分专业，不同的日语专业之间出现了重复的内容，从而导致学生专业基础薄弱，一些重要专业课程课时安排不足，学生的语言能力没有得到实质性的提高，这严重地阻碍了学生的实际应变能力和语言交际能力的发展。再次，日语本身就是小语种，因此部分高校在教学资源上存在投放不足的情况。这一错误思想和指导原则从根本上导致学生缺乏严谨的日语学习态度，使学生确立了日语不是"主课"的思想。在日语教学的各个环节中，很多学生都没有将日语教学放在应有的地位和高度，存在着打折扣的现象。因此，为了取得好的日语学习成绩，学校应该不断完善教育资源、调整教学力量，将日语教学放在重点建设的位置，从而推动日语教学的发展。

（二）日语教学定位和方法存在偏差

目前，在对日语教学的定位上，为了提高自己的成绩，部分高校教师过分强调对教材知识的讲解，采取本末倒置的教学方法，盲目地把考试作为教学的最终目标，忽略了对学生综合能力和职业素养的培养，片面地追求学生对单词、课文的死记硬背，这导致不少学生缺乏主动学习日语的动力，大多学生是抱着提高日语等级和应付考试的目的。这种做法与日语教学目标是完全相悖的，日语教学的根本目的是让学生在真实的日语环境中利用日语来分析和解决实际的问题。然而我国传统的教学模式制约了日语的教学效果，使其跟不上社会的发展需求。尤其是在应试教育的大环境下，日语学习的目的也呈现出多样化的趋势，如就业、修学分、欣赏日语动漫和歌曲以及了解日本文化等。由此可见，学生学习日语的动机呈现出多样化的态势。

（三）日语教学师资队伍建设滞后

目前在就业市场中，复合型、多功能的日语专业人才越来越受到青睐。然而我国很多学校招聘的日语教师来源比较单一，教师的日语教学经验比较少，受聘对象往往是刚刚毕业的硕士研究生，他们还不具备做教师的职业素养，没有接受过正规的训练考核，与优秀教师之间还有很大的距离。此外，教师的教学工作量比较大，日语教学体系不够完善，教师缺乏时间和机会外出交流和深造，这造成了日语教师专业水平比较低。

（四）日语教学课程安排比较简化

目前，部分学校安排日语教学的课时不合理，其只是将日语课程安排在"次要"的时间段。此外，日语教师往往会以传统的教学方式进行日语授课，为了完成教学任务，他们的教学进度通常会比较快。随着时间的推移，高校机械化的学习方式会让学生逐渐失去对日语学习的兴趣，而且很多高校几乎不设置"日语角"等课外课堂，这些也会严重地打击学生的日语学习积极性。

二、日语教学的方法

（一）直接教学法

外语教学法这一门学科主要研究的是外语教学的理论和实践。外语教学法一直以来都是外语教学界最重视的一门学科。在其他条件相同的情况下，由于教学方法的不同，产生的教学效果也会有所不同。现代日语教学法是一个多元化、多层次的体系。现代日语教学法具有很多流派，理论也都各不相同。事实上，许多教学法流派都在很大程度上影响了高校的日语教学。

19世纪下半叶，随着西欧外语教学改革运动的开展，出现了直接教学法。最早提出这一教学方法构想的是德国外语教育家菲埃托。所谓直接法，即教师引导学生开口说话时所采用的渐进式问答法。另外，教学初期不能过于依赖课本进度，而应该根据学生的学习情况设计教学方案。学生则必须集中精力，善于使用教师示范的标的语和教师提供的其他背景资料，学会用标的语回答教师的问题。教师是唯一一个标的语的示范者，因此，教师在教学时一律不使用母语，而是通过身体语言和辅助教具来传授语言知识，使学生能够利用初级标的语来了解新的标的物，并学会进行口语表达。19世纪60年代，直接法兴起，到了20世纪20年代，直接法开始没落。一般来讲，在那些小规模的语言学校，直接法推行得很成功，这主要因为当教师直接采用标的语教学时，他们能照顾到每个学生的反应和需求。

与古典语法翻译法相比，直接法可以说是教学法史上的一大进步，成了现代听说法、视听法以及功能法改革的开端，但它完全是由于语法翻译法存在缺陷而提出的，不可避免地存在一些局限性和片面性。例如，关于外语教学中母语所具有的作用，这种方法只注意消极的一面，而没有关注积极的一面。所以基本上采用同样的方法来解决两种语言之间存在差异的语言学习问题，教学强调的是理解经验和感性，而没有充分估计人的自觉性，没有重视文学修养，对大部分语言现象来说，学生更是知其然而不知其所以然。[①]

（二）语法翻译法

语法翻译法又称为"古典法""翻译法"等，是指通过翻译来对比母语与

[①] 薛丽. 当代高校日语教学与二语习得研究 [M]. 北京：北京工业大学出版社，2019：9.

日语语音、词汇、语法之间的相同点和不同点，从而实现对日语的掌握和运用。在双语教学中，语法翻译法是一种比较常用的方法，因为其主要侧重于培养学生的阅读能力，使学生能够补充利用母语，掌握两种语言的异同，要熟练运用两种语言。语法翻译法主要是以教师为中心，教师向学生灌输日语知识和技能。在课堂上，教师主要是讲授内容，学生主要是记笔记，即使是提问，学生回答的内容也是之前讲过的规则。同时，语法翻译法主要是使用母语，然后通过翻译这一手段来检查教学质量。通常来说，使用语法翻译法主要有如下几个步骤：

第一，对上堂课内容进行回顾和复习。教学活动的内容一般是背诵课文或听写单词。

第二，讲解分析新单词。教师首先将新单词的发音教授给学生，让学生反复朗读，进而熟悉单词，最后教师讲解新词并介绍其使用规则。

第三，讲解课文中的语法规则，并让学生做语法练习加以巩固。

第四，逐词逐句地讲解课文，分析章节中的句子并进行翻译。

第五，提出一些问题让学生回答，从而检查学生是否掌握了课文内容。

第六，简单回顾本堂课的内容，并布置作业。

(三) 听说教学法

听说教学法又称为句型教学法，是指以句型为中心，对学生的外语思维能力进行培养的一种教学方法。在教学活动中，听说教学法着重引导学生避免使用母语，同时注重培养学生的听说能力，对学生的听力与口语进行反复操练，最终使学生形成日语思维习惯。听说法是结构主义语言学和行为主义心理学理论的综合应用。①

听说教学法是在行为主义心理学的基础上产生的。听说教学法将语言能力分解成听力、口语、阅读、写作四项能力，并沿用至今。听说教学法侧重机械性的操练，因此教师在教学中会尽量使用日语进行讲解，并使用一些录音、录像等辅助设备，让学生能够持续模仿和练习，从而提升学生的语言应用能力。一般来说，运用听说教学法组织教学主要包含如下几个步骤。

第一，通过录音、录像等辅助设备为学生介绍背景知识，在听和看的同时，教师用日语展开内容介绍。

第二，安排对话活动，可以是师生间的对话，也可以是生生间的对话，让学生练习所学内容。

---

① 张庆宗，吴喜艳. 新编应用语言学导论 [M]. 武汉：武汉大学出版社，2019：186.

第三，给出句型结构，安排学生不断进行句型操练。

第四，多次播放录音和录像，让学生记忆对话或者篇章的内容，最后让学生达到可以复述或背诵的结果。

第五，回顾本节课堂的内容，并布置作业。

（四）情景教学法

1. 情境的概念

情境是指一个人在进行某种行动时所处的社会环境，是人们社会行为产生的具体条件，包括真实的情境、想象的情境、暗含的情境等三类。在很大程度上，情境可以界定为在特定的环境下个体行为活动的即时条件。

2. 情境教学的概念

情境教学是指在教学过程中，教师有目的地制造或创设以形象为主体、具有一定情绪色彩、能够为知识探索提供具体的活动场景或学习资源，以此为支撑启动教学，从而使学生产生学习的需要及动力，推动教学进程，同时通过情境中传递的信息引起学生一定的感受和情感体验。这样可以帮助学生实现对知识意义的主体建构，并优化和发展其心理机能。

情境教学是将自然状态下时间与空间上分散的情境，经由教师有目的地设计为加工过的、在时空上有序集中起来的学习情境来组织课堂教学。学生在其中学习，全程都能感受到情境的激发、情境的推动及强化，有意义的学习在情境中自然而然地发生，学生的思维、情感在不断地深入，个性化的知识体系逐渐被建构。情境教学中情境创设就是立足学生的生活与精神世界，创设与当前学习主题相关且尽可能真实的情境，为学生进入知识并与知识对话铺设多样的路径。从而缩短学生与课程之间的心理距离，达到学生主动参与、主动发展的境界，并促成知识意义的自主建构。

3. 情境教学的一般过程

（1）创设任务情境，巩固学生知识

在日语教学中，为提高情境教学有效性，应该重视对于教材知识点的进一步延伸。为保障教学内容延伸质量，应该重视创设任务情境。在日语教学实践中，教师要结合教学目标，充分考虑学生现有的认知能力、年龄、兴趣等特点，设计一些具有趣味性、实用性、可行性的任务。例如，短剧表演、故事接龙等，然后给学生提供必要的思维材料（完成任务可能要使用的道具），设置"动境"，使学生借助已有知识、技能，调动多种感官参与新知的探究，主动完成任务。可见通过有效任务情境创设能够取得较好的教学效果。例如，在进行日语听力训练过程，教师可以给学生看几张图片，要求学生在听到有关日语资料后进行图片排序，由此完成"图片排列"这个任务。这样的任务情境构建使学生在此情境中学会了听，也理解了词汇的意义，能够实现教学的实效性。通常情况下，在任务情境中，学生会通过自学或合作学习完成教师布置的任务。所以，创设任务情境有利于发挥学生的主体地位，实现教学的目标。

（2）创设对话情境，提高听说能力

日语教学中进行情境创设，其最终的目的是培养学生的日语表达能力、驾驭能力、交际能力等。因此借由对话的形式创建情境不仅可以达到培养学生语言能力的目的，而且还能够活跃课堂气氛，促进师生交流，达到良好的日语教学效果。对话情境创设使用多媒体设备，播放相关的对话视频、动画等。在对话情境之中，学生自行体会词语的运用方法及意义，然后再与其他学生组成小组，完成相关对话，最终达到优化日语教学效果的目的。例如，教师可以播放相关视频，创设两人初次见面的对话场景，两人发生了相应的对话。在此，学生观通过看多媒体视频，进入人物对话的情境，之后教师要求学生以小组的形式编一段情境对话，锻炼学生的语言逻辑能力、交际能力等。这样不仅能够获得良好的教学效果，而且还能够激发学生的学习兴趣，培养学生的自主学习能力，最终获得良好的教学效果。[①]

（3）创设练习情境，提升教学效果

日语教学离不开情境式授课及练习。在教学过程中，教师可以根据课本教材要求设置练习情境，提升教学的效果。具体教学实践中，教师先分析学生在日语听、说、读、写方面存在的问题，再针对学生的薄弱部分设置练习情境。教师需要注意从日语的文化背景出发创设练习情境，之后教师要求学生完成练习，通常学生可以练习语法、内容表达等。在练习的过程中，教师可以组织学生进行分组练习，提高练习效率。教师根据学生的具体掌握情况教师创设练习情境，这能使学生学会举一反三，强化其对知识点的掌握与应用，提升学生运用日语的能力。

（4）创设合作情境，培养学生综合能力

教师应精心创设多样化的合作学习活动情境，这样不仅为学生提供了学习机会，也培养了学生的合作精神。通过合作情境的进一步构建，学生的学习能力与认知能力都会得到提高。从日语教学实践过程看，在合作情境的构建过程中，教师有目的地选取有效知识点，激发学生学习能力，不断为学生提供合作机会。这种情境构建过程重视交流与沟通，学生在情境中通过自我认识与合作意识的强化，实现了学习日语的目的。对于合作活动情境内容来说，教师要求

[①] 彭言. 情境教学法在日语教学中的应用 [J]. 西部素质教育，2018（20）.

学生全员参与，并要主动协作，应该重视创新与实践，加强日语的交流沟通。在构建过程中，教师要鼓励学生融入情境并主动发言，从而促使其个性化发展。在合作情境构建过程中，教师要以日语教学内容为主，积极依托日语教学目标，有效培养学生的集体主义精神。通过这种合作情境的进一步完善，学生敢于参与其中，并能够积极融入教学情境之中，提升学习效率。例如，教师讲解句型的时候，让学生用笔描绘班上学生，并以小组为单位看图开展日语对话。教师在学生相互问答的过程中，针对日语对话的不足之处提出建议，促进学生口语水平的提高。通过这样的情景创设让学生能够积极主动地参与语言交流学习活动，充分融入情境、融入角色，进而牢固地掌握日语的知识点。

（五）任务型教学法

1. 任务型教学的概念

任务型教学就是以具体的任务为学习动力或动机，以完成任务的过程为学习的过程，以展示任务成果的方式（而不是以测试的分数）来体现教学成就。学生有了具体的动机就能自主地学习，并且能主动地运用所学语言去做事情，在做事情的过程中自如地使用所学语言，在使用所学语言做事情的过程中发展语言能力。任务型教学要求教师依据课程的总体目标，结合教学内容创造性地设计贴近学生生活实际的教学任务，吸引学生积极参与，组织以学生为中心的课堂教学。鼓励学生通过思考、调查、讨论、交流和合作的方式学习和使用语言，完成学习任务。

2. 任务型教学的类型

任务型教学的类型可以分为以下四种：预测型任务教学、对比型任务教学、问题解决型任务教学和创造型任务教学。

（1）预测型任务教学

在学生没有读完或听完整篇课文之前，教师应鼓励学生根据课文标题、所学的课文片段或图片所提供的情景对课文内容进行预测。让学生通过独立思考来预测课文的内容，尽管他们会给出各种各样的答案，但是当他们通读全文后对文章内容的印象会更为深刻。这样既调动了学生的积极性和自主性，又有利于培养他们的想象力和发散思维能力。

（2）对比型任务教学

对比型任务通常是对相同性质的事物或人物进行比较，找出其共同点或不同点。这种学习任务要求学生对类似的事物进行比较，找出它们之间的相似之处及不同之处。另外，教师还可以在原文中添加多余的单词或删除个别词句，让学生找出不妥之处。教师在教学中运用这种任务可以让学生对比不同的材料或叙述，从中找出它们的异同点。通过对比可以锻炼学生的口头表达能力、判断能力和综合概括能力。

（3）问题解决型任务教学

问题解决型任务要求学生根据自己已有的知识和推理能力，解决现实生活中可能遇到的问题。例如，教师可以让学生自己设置情境，由学生来扮演书本中的角色，让他们经过准备后在班级里进行表演。这样通过对实际问题的解决可以激发他们学习的主动性和积极性，并提高他们学以致用的意识和能力。

（4）创造型任务教学

创造型任务指任务具有探索性、开放性和实践性。这类任务多由两人或多人以小组合作的方式来完成。在这类任务中，团队合作和组织能力是非常重要的。这项活动能够让学生将所学的知识与现实生活中的真实情况相结合，激发学生的创造性思维，提高学生的学习兴趣，提升他们的分析能力和综合概括能力，并培养他们的语言运用能力。

3. 任务型教学的步骤

第一，前任务：教师引入任务，呈现完成任务所需的知识，介绍日语任务的要求和实施任务的步骤。

第二，任务环：以个人、双人、小组等形式执行各项任务，小组向班级报告日语任务完成的情况。

第三，后任务：由分析（学生分析并评价其他各组执行日语任务的情况）和操练（学生在教师指导下练习语言难点）两部分组成。

（六）交际教学法

近年来，在外语界流行的交际教学法在很大程度上是在韩礼德的系统功能语言学理论的基础上发展起来的。[1] 交际教学法兴起于20世纪70年代，是以培养交际能力为目的，以语言功能项目为纲的一种教学方法。交际法又称功能法或功能-意念法。交际能力是根据交际的目的、语境、身份、谈话对象、谈话内容等说出恰当得体的话语能力，包括语法能力、语篇能力、社会语言能力和策略能力。语言学家将语言意义分为两类：意念范畴（如时间、顺序、数量、地点和频度等概念）和交际范畴（如要求、否定、邀请、抱怨等），并以此作为制定语言交际教学大纲的基础。

交际教学法主张教学应该以语言的表意功能为纲，强调语言"以言行事"的功能，即"以言叙事""以言做事""以言成事"等言语行为。交际教学法

---

[1] 张德禄. 系统功能语言学与外语教育研究 [M]. 上海：上海外语教育出版社，2020：321.

强调语言是人们交际的工具，应将培养学生的交际能力放在首位，强调教学过程的交际化。交际教学法继承了语法教学的观点，不排斥语法，但反对以语法为纲，同时不排斥母语。

交际法分为三个发展阶段：第一个阶段关注开发基于功能和意念的教学大纲，培养学习者的交际能力；第二个阶段关注需求问题，探索确定学习者需求的步骤；第三个阶段重点探讨交际法框架下的课堂活动，如小组活动、任务、信息沟通等。交际教学法的特点可以归纳为：

（1）语言是交际的工具。学会一种语言不仅要掌握语言形式，还要培养学生在不同场合恰当运用语言的能力。交际教学法强调语言运用的得体性。

（2）交际教学法大纲以意念、功能、交际活动为内容，强调在教材中使用自然、地道、真实的语言材料，如各种书籍与报刊等节选的文章或电影、电视和电台报道片段等。

（3）教学过程本身就是交际过程。在教学过程中，教师将言语交际作为教学的出发点，创设交际环境，将交际活动贯穿整个教学过程。

（4）采用多种教学手段组织教学。交际教学法主张采用各种不同的教学方式和手段进行教学，以满足真实交流的需要。

（5）课堂教学以学生为中心。在课堂教学中，学生是交际活动的主体。课堂活动的形式多种多样，可以是个人活动，也可以是小组活动。

（6）正确对待学生的语言错误。交际教学法以培养学生语言交际能力为目的，更加关注学生表达意念和交流思想的能力，关注语言表达的流畅性，而不是精确性。语言错误在语言学习过程中不可避免，教师不要有错必纠，语言能力的形成是多次试误的结果。

（7）综合运用言语交际活动的各个要素，如情景、功能、意念、社会因素、心理因素、语言知识和语言技能等，将听、说、读、写技能看作是综合的言语活动。交际教学法首先是作为一种外语教学思想而不是一种教学法而存在的。交际教学法的教学思想不要求人们采用固定的、一成不变的教学模式和程序，而要根据实际情况来确定具体的日语教学方法。交际教学法的优点是培养学生掌握一定的交际能力、日语教学过程交际化和促进实用日语的发展。

第三节　日语教学的原则和评价

一、日语教学的原则

(一) 启发创造原则

这一教学原则是指教师在教学活动中要最大限度地调动学生学习的积极性和自觉性，激发他们的创造性思维，从而使学生在融会贯通中掌握知识的同时，充分发展自己的创造性能力。因此在日语课堂教学过程中，教师首先要用真诚的心营造出民主、平等、和谐的课堂气氛，充分调动每位学生的学习积极性，使每位学生都能投入日语练习活动中来。教师要在深入了解学生的基础上，针对不同层次学生的学习实际和认知水平，提出相应的要求，同时采用启发的方式，设计出多层次的教学活动，让每位学生对所要达到的目标，产生一种成功的渴望，获得成功的体验，建立心理上的优势，并最终获得成功。特别是对学习有困难的学生，要满腔热情地帮助他们增强自信心，激发他们的学习兴趣，并采取相应的措施，使他们在原有的基础上逐步提高，最终达到教学的基本要求。

上课期间，教师应与每一位学生进行积极的交流，针对其作业内容、完成质量等发表一些鼓励性的评语。启发学生进行知识的融会贯通，让他们逐步掌握日语的自学能力，为在今后工作中实现日语的灵活运用及继续学习打下良好的基础。

(二) 教学最优化原则

这一教学原则是指教学活动中，教师要对教学效果起制约作用的各种因素进行综合调控，实施最优的教学，以取得最优的教学效果。维持学生的高涨学习情绪，是外语教学过程中一个极为行之有效的重要因素。日语课堂教学是否有效，除了看教师能否精确传授、认真指导外，还要视学生的反应和参与热情是否高涨来确定。

(三) 积累与熟练原则

这一教学原则是指教学活动应该使学生在充分理解的基础上，获得广博、深厚和牢固的基础知识和基本技能，形成良好的个性品质，进而使他们对知识、技能的掌握能够达到熟练和运用自如的程度。在日语教学过程中，教师应注重对学生进行基础知识的阐述，最终实现举一反三的效果。

日语的学习是一个不断积累与熟练的过程，因此教师要在有限的教学时间里，让学生多听、多说、多练，加强他们的听说实用能力，训练其基本的翻译和写作能力，把听和说放到日语教学的重要位置，以便适应信息社会的发展需要，同时为交际打下扎实的基础。

在大学日语教学中，教师在教授学生基础的单词、句型的基础上，还应通过各种媒体手段，给学生介绍一些日本的风土人情、政治经济、地理环境等相关知识，来充实和丰富其学习内容，同时帮助学生做好知识积累，这同时也是实际教学过程中的重要一环。①

（四）多媒体辅助教学适度原则

1. 坚持多媒体辅助教学与课程性质相结合的原则

教师运用多媒体进行辅助教学，应结合各专业课的课程性质。所授课程如果理论性强，制作课件时应控制 PPT 的数量、应以图表为主且文字表述不宜过多，避免学生因追看课件内容而漏听教师的讲授。对于视听说、写作、口笔译等实践类课程，教师则可选择性地运用多媒体的某些特定功能。例如：视听说类的课程可以充分利用多媒体的视听功能播放相关的日文音视频，供学生进行试听和模仿的练习；写作课的课件中如果展示出若干篇范文，则有利于教师更为直观地进行点评。文化类课程所授内容多为感性知识，学生只有把教师的抽象讲述和具体实物形象相结合才能进行长久的记忆，因此该门课的课件应插入大量的、形式多样的图片内容，为学生提供多种认知途径。

2. 坚持多媒体辅助教学与教学内容相结合的原则

（1）结合教学内容进行取舍

教师通过多媒体网络资源可以最大限度地获得并丰富自己的授课内容，但是多媒体内容较为繁杂，而鉴于使用的教材所提供的知识点和教学时长的限制，就必须从中选出与所授内容相符的材料。相反，如果滥用、罗列各类图片等资源，就会使学生分散注意力，无法有效理解教学重点和难点，最终导致其课堂主体地位的缺失。

（2）结合教学内容进行设计

多媒体网络的辅助教学虽然会丰富教师的授课内容，但如果不切实际地滥

---

① 杨曦，李奇颖. 大学日语公共课教学原则的探究［J］. 商场现代化，2010（13）.

用各类课件，则会极大浪费学生有限的学习时间。因此，教师使用多媒体辅助教学必须结合讲授内容精心设计课件和教学方法。

基于此，笔者认为教师应首先根据教学内容中的重难点分配课件的使用数量，重点难点的课件数量可适当增加，而一般性的内容则可以减少或不用。其次，设计与教学内容和方法配套的课件。比如，讲授日本文化知识类课程时，可以在课件中多添加一些图片和影像资料，以增加学生的感性认识；讲授日语语言实践类课程时，可以添加场景类的图片或音频，为学生营造真实的语言运用环境；讲授理论知识类课程时，课件设计中可引入现在流行的"思维导图"，以帮助学生完成自身知识体系的建构。

3. 坚持多媒体辅助教学与学生需求相结合的原则

低年级的学生主要学习日语发音规律和常用基本句型。本阶段的学生需要大量的语音输入和视觉刺激，教师应更多地利用多媒体设备进行辅助教学，充分发挥其信息量大、呈现角度多样等特点。又因为是初学，学生学习日语的兴趣浓厚，模仿意愿强烈，教师在组织教学时可频繁使用多媒体的播放设备让学生进行跟读练习和听辨音的训练，使学生从一开始就接受并形成正确的发音习惯，积累对日语语音的感性认识。此外，利用多媒体所展示的内容不应仅局限于日语的语言知识，也应包括对民俗、文化及社会等相关知识的呈现，以拓展教学内容。

由于高年级学生要开始学习更抽象的日语知识，教师应当在此期间减少多媒体教学所占的比重，增加讲解和板书的教学时长。教师通过书写板书的方式，可以让学生觉得自己处于一个和教师同步思考的学习环境中，有助于其集中精力思考和理解教学内容，课件设计也应着重表现各知识点的内部联系，并为引导学生深入思考保留余地。此外，学生如果长期在光线昏暗的课堂上目不转睛地盯着幕布或电子屏幕观看，势必会影响其视力健康。此时减少课件使用，有利于学生的视力健康，同时也能促使其摆脱对电子信息的过度依赖。[①]

二、日语教学的评价

（一）日语教学评价现状

目前国内高校都制定了课堂教学评价体系，日语专业也不例外。这些评课体系各具特色，在实际的评价中也取得了一定的效果，但仍存在着一些不足。

---

① 张薇，郭强. 大学日语课堂应用多媒体辅助教学的适度原则 [J]. 北方文学，2018（29）.

1. 评价内容定量且未突出日语专业教学特色

目前各高校的日语课堂评价体系包括教学态度、课堂内容、备课是否充分、是否注重理论联系实际、是否具有创新性等，基本涵盖了课堂教学的全过程。这些评价虽然都体现了现代教育理念，但是并没有体现出日语专业的特色以及国际型人才培养的目标，在实际的教学评价中很难达到预期的评价结果。同时，教学活动具有极端的复杂性，许多内容无法量化，而这些内容对教学过程有很大影响。因此，仅靠定量来判断是不全面的。

2. 以评教为主，忽视评学的重要性

学生是教学过程的主体，参与课堂教学的全过程，他们对教师的教学有着全面的接触和了解。所以在国外，学生评教被广泛应用，因为其是衡量教师教学最有效、最值得信赖的方式。但国内开展评教工作时日尚短，大多数学生并不明白课堂教学评价工作的意义何在，不能认识到参加评教是他们的权利与义务，因此在评教过程中多存在应付心理。这就会使评教结果不够客观公正，缺乏可信性。此外，教师也是教学过程的重要参与者，但多数高校日语教学在评价工作中忽视了教师评学的重要性，这也会使评价结果不客观。

3. 同行评价的局限性

同行评价是指教师对同事的教学行为、方法、技能等做出的评价，可以促进教师专业水平的提升，创造较为和谐的学术氛围。但在具体的实践过程中，同行评价并未体现出其应有的效果。评价时，同行教师受各种各样因素的影响而普遍给予好评。尤其是年轻教师对老教师、普通教师对领导进行评价时更为明显。此外，现在高校日语专业在实施同行评价时，评价者往往并不了解评价对象的教学实际情况而仅根据个人印象进行评价，导致评价结果参差不齐，偏离了原有的评价目的。

（二）对日语教学评价的思考与建议

1. 构建符合日语专业实际的教学评价体系

一套完善的符合日语专业实际的课堂教学评价体系对教学评价工作至关重要。通过建立与实施科学公正、合理的评教体系和评教方法，有助于管理者对教师的教学环节进行全面的了解，也可以起到激励先进、鞭策后进的作用，提高教学质量。评价时，在结合日语专业实际情况的基础上，应采取定量与定性相结合的方式，设计一些开放性题目来增加评价的科学性与有效性。同时还应结合高校日语专业的具体情况设计评价具体内容，以发挥评价机制的最大作用，提高日语专业的整体教学质量，培养国际化人才。

2. 充分发挥日语专业同行评价的主体作用

引导日语专业教师正确认识同行评价的重要性，让教师认识到同行评价是提高教学方法、教学技能的重要方式。同时评价结束后应及时总结存在的问题，就今后如何解决与改正做出进一步探讨。另外，还应营造一个轻松自在的评价氛围，促使教师积极参与到评价中去。

3. 制定较为完善的日语课堂教学质量网上评价系统

外语学院在组织日语专业学生评教时，通常是把印制好的评教卡发放给学生，填写完成后由班委在规定时间内回收，整个过程需要投入大量的时间与人力。如果可以改用网上评价系统，则可以使学生评教具有灵活性、稳定性、安全性的特点，能满足工作的开展需求。此外，为了尽可能保证评教结果的客观性，网上评教时间应安排在授课快结束、考试之前。[①]

4. 引入多元化评价

（1）评价目标

教师明确了学生学习过程中及结束后应达到的目标后，就应该思考为什么要对学生进行评价，即评价的目标是什么。以往的评价目标只是注重学习成绩结果，在学习期间结束时，进行考试测验，检验知识的掌握情况，即所谓的结果性评价。这种评价由于只能检验学生的学习结果，无法了解学生的学习过程、态度、情感等因素，难以达到评价的真正目的。

评价是为了促进学生的学习，所以分析学生的需求显得格外重要，比如高校的日语专业学生在大一时，他们的要求就是要了解日本的文化、风俗习惯等，消除自己对日本某些现象的神秘感，在此基础上再掌握常用单词、语法、句型，以达到能够听懂简单的日常生活会话，能和日本人进行初级的语言沟通，达到 N4 的日语水平的目的。大二的时候，要求就会有所增加，无论是单词量还是语法、句型、听力、会话等都会上一个台阶，基本上达到介入 N3 至 N2 之间的水平。大三时，由于基础知识已经学习完毕，主要就是要求扩充基础知识量，提高听力水平和口语会话程度，由于大三日语方向课的开设，学生们会要求进一步提高自己的语言能力，基本上达到 N2 至 N1 的水平。大四时，学生进入实习期间，学生会要求利用自己所学的日语知识，到社会上施展才能，以期达到可以胜任工作的要求。

（2）评价内容

多元化评价更加关注学生的学习过程，重视学生的学习表现。除了评价学生对日语知识的掌握程度，还要评价对知识的运用能力。小测验、期中考试、

---

① 曹新宇. 高校日语课堂教学评价体系的应用研究 [J]. 长江丛刊, 2017 (20).

期末考试等考试以分数为主的终结性评价，可以了解学生对基础知识的掌握程度，但是注重学习过程的评价，更加重视学生运用已学到的知识去解决、分析问题的能力。例如，通过测验已经确定学生掌握了单词、语法、句型的知识，而阅读、听力、会话则是实际运用能力的体现，能否在特定的情景之下，恰当地使用已学过的知识至关重要。大三时，会有日语方向课的选修，能否运用所学的日语知识，攻破其他领域的难关，是多元化评价的一个重要方面。多元化评价可以改变学生的学习方式，使学生由被动学习转变为主动学习。学习方式决定学习质量，实践证明，发自内心的学习动机以及感兴趣的主动学习是最理想的学习方式。

（3）评价主体

评价主体是指参与评价的个人或者是群体。多元化评价主体主要包含学生自我评价、学生之间评价、教师评价等。日语专业的评价主体主要是学生和教师，其中要明确学生是评价的主体，教师是起指导、引领作用。多元化评价是将学生的自我反思和自我反省意识始终贯穿于评价中，有利于提高学生的批判性思维。

学生自评是学生自我教育的过程，培养学生的自我教育是学习中的重要一环，自我教育是保证学生长期学习的法宝，能使学习走得更远。学生自评需要教师和同伴的帮助和鼓励，才能实现正确的自我教育成长。教师引导学生进行自我教育、解决碰到的知识困难，可以增强其自信心，有利于学生从挫折中走出来，战胜自我。培养学生的自我评价能力是一个长期的过程，需要日语教师从大一开始慢慢地引导，给学生制定明确的学习目标和计划。多元化评价主张学生积极主动地参与评价，并不否定教师的评价作用，而是通过学生参与评价，树立正确的自我教育方向，以便学生可持续地学习日语知识。学生互评是教师将班级分成几个学习小组，首先在小组内部进行互评，然后再在小组之间互评，通过学生之间的互评，学生可以找出自己的差距，改进以后的自我学习对策，也有利于学生提高自我评价能力。在评价主体中，教师的评价依然不可忽视，虽然教师的评价已经不是唯一的评价，但是教师的评价起着导向作用，学生会根据教师的评价，确定自己努力的方向。

（4）评价手段

评价手段是指在评价中尽量使用多种评价方法，学生千差万别，针对学生的不同情况，应采取灵活多变的评价方法。结合高校的具体情况，可灵活采用量化测试法、观察表现法、档案袋评价法结合的评价方式。

量化测试法主要以考试为主的评价方法，包括小测验、期中考试、期末考试。量化测试法可以掌握学生学习知识的结果。观察表现法主要指老师通过课堂观察学生的表现，包括课堂积极发言、对问题的积极思考程度以及课堂态度等。档案袋评价法是监控学习过程的一种评价方法。包括每节课、每次小测验、课外延伸学习、期中考试、期末考试的记录。形成性评价，评价方法有多种多样，没有优劣之分，只是评价内容和评价标准不同。在实际教学中，要根据具体情况，选择恰当的评价方法非常重要。

多元化评价是从多方面、多角度，运用多种方法对学生各个方面进行评价，改变了过去单一的评价方式，使评价更加趋向合理、客观。日语多元化评价的设定和实施的时间不是很长，有很多地方需要高校日语教师的共同努力加以完善。经过广大教师的努力，一定会制定出符合学生要求的多元化日语评价体系。[①]

[①] 宋世磊.多元化评价在高校日语专业教学中的应用[J].科教导刊，2017（10）.

第二章 跨文化交际的理论基础

跨文化交际是不同文化背景的人们之间的交流。20世纪以来，随着科技的发展和全球化的深入，跨文化交际已经成为人类社会生活中不可缺少的一部分，对跨文化交际的研究也引起了更多学者的关注。跨文化交际与语言教育密切相关，语言教育本质上是一种跨文化的活动。具备能进行有效而得体交际的跨文化交际能力和培养学习者跨文化交际能力的教学能力是日语教师应有的基本素质。

第一节 文化、语言与交际

一、文化

（一）文化的表现形式

一种文化系统的内部往往呈现出不同的姿态。文化可分为外显文化和内隐文化，只有真正理解了内隐文化才能理解文化的本质。

文化是一个大范畴，广义的文化包括人类改造过的自然或自然物和政治、经济、艺术、哲学、民俗、心理等社会生活的各个方面，它可以分为实物、风俗习惯和制度、思想产品和心理意识等多种层次。根据文化可以被广义地定义为某一特殊社会生活方式的整体，同时，这一整体中的部分，因为能够体现该文化的特色也可以被称为文化。

（二）文化的作用

1. 文化的社会作用

文化是一种精神力量，在人类认识世界、改造世界的过程中，文化可以转化为物质力量，对民族、社会的发展产生深刻的影响。先进的、健康的文化会对社会发展产生推动作用，落后的、腐朽的文化会对社会发展起着阻碍作用。

文化对人类与社会也有其他方面的功能。从广义上说，文化提供了人类社会用以维持自身系统的三大要素：结构、稳定与安全。从狭义而言，文化的功能在于提供给社会成员一个施展物理、心理与语言作用的情境，指一群人日常生活的环境。

2. 文化的教化作用

文化通过其中蕴含的知识体系、价值观念、思想信仰和行为规范等规范人们的行为，使人们有效地适应社会环境和社会关系，在行为上与社会要求保持一致，尤其是在思想信仰和价值观念方面与社会要求保持一致。

3. 文化对经济的作用

文化能凝聚人心、振奋精神、更新观念、开阔视野、提高素质，从而推动经济发展。

4. 文化对个人的作用

文化可以启蒙心智、教化思想、愉悦身心、陶冶性情，使人获得精神上的满足和依靠。优秀文化能够丰富人的精神世界，培养健全的人格，引领人们前进，激发人们的精神力量，促进人的全面发展。

二、语言

（一）语言的定义

语言就广义而言，是采用一套具有共同处理规则来进行表达的沟通指令，指令会以视觉、声音或者触觉方式来传递。严格来说，语言是指人类沟通所使用的指令，即自然语言。

人的肢体行为是语言使用的主要形式。口头的声音、手势和表情是人们身体行为的体现。口语是最重要的语言交际方式。符号的应用主要表现为文字，是现代人类语言中最大的应用类别。在当代语言学和语言哲学领域，对这些重大问题有两种不同甚至相反的处理方法。

一种方法着眼于语言的形式维度，把语言看作一个抽象的、形式化的符号系统，强调语言自身与外部世界的关系。它主要借助集合论、数理逻辑等技术工具，以形式语义学为例，它倾向于在不使用语言的情况下思考语言与世界之间的指称或表达关系，它忽视了语言的社会性和常规性，我们可以称之为"二元进路"。

另一种进路集中关注语言的社会维度，研究作为一种社会现象的语言，强调人类命运共同体对语言和意义的形塑或建构作用。正是语言共同体给语言表达方式赋予意义和相互间的意义关系。为了合理地说明语言及其意义，我们不得不使用如下关键词：社会共同体、交流或交往、意向性、约定、规则、语境、公共语言、共享意义等。我们可以把这种进路称为"三元进路"。

与三元进路的理论取向比较接近的是当代认知语言学。在很多认知语言学家看来，语言不是自主自足的系统，必须参照人的认知过程才能描述它；语言的词库、词法和句法构成一个连续体，语义先于句法，句法依赖于语义。

应该强调指出，二元进路已经发展出一些带有实质性的语言学成果，例如乔姆斯基的转换生成语法、戴维森的真值条件语义学、克里普克的可能世界语义学等，它们大都能刻画语言的生成性或组合性，即语言使用者基于有限的语言资源获得的对潜在无限多的长而陌生句子的理解能力。但是，三元进路却没有发展出有影响力的理论，也没有获得多少有实质性的技术成果，或许应该把奥斯汀、塞尔等人的言语行为理论和格赖斯的会话含义学说除外。于是，在对语言和意义的两种不同研究进路中，在整个20世纪，二元进路始终占据了支配性地位，在语言哲学和语言学中，对语言的标准说明倾向于低估并由此错误地解释社会和社会约定的作用。[①]

（二）语言与文化传播

文化是人类智慧的结晶，是人类生产生活中一切物质财富和精神财富的总和。语言也是一种重要的文化表现形式，其传播、继承与发展都与文化有着相似之处。

1. 语言传播特性

（1）外延性与连续性

波形扩散是将一种语言或语言要素作为波源，它的扩散如同波一样向四周散开，两种或两种以上波源的波相遇后，便形成一个新的语言现象增长点。这些新的语言增长点发展成熟后又形成新的波源。语言的传播呈波状向外放射，这就是语言传播与扩散的外延性。语言向外延伸过程中，逐渐向相邻地区扩展，再通过外延地区向其他相邻地区传播，故语言在地区分布上有连续性的特点。

（2）距离衰减性

距离衰减性是指某文化现象随着距离语言、文化的起源地或中心地越远表现越弱的现象。在语言、文化的起源地或中心地该文化现象表现最强烈。

---

① 张云鹤，黎海情. 跨文化交际研究 [M]. 成都：电子科技大学出版社，2020：25.

（3）层序性和阶层性

语言的传播呈波形扩散，对某些地区来说具有多次重复的层序性。如某个地区早期传入古老语言和后期传入的新语言就是很好的体现。此外，语言的阶层性表现在不同身份的人群，用词用语也有所区别。

（4）复合性

复合性是语言在扩展接触中，一种语言吸收其他语言成分，形成复合语。

（5）演化性

语言的演化性是指语言由简单到复杂的演化过程。其有两种表现形式：第一，形容词的增加，使得原有名词的语义丰富多彩；第二，随着生活生产环境的改变及科技发展水平的提高，新名词、网络名词也逐渐融入人们的语言中。

2. 语言文化传播的影响因素

人口的迁移与流动直接影响语言的传播，媒体也是影响语言传播的重要因素。而在众多影响人员空间流动以及媒体传播语言信息的因素中，又可分为自然因素和人文社会因素。

（1）自然因素

自然地理条件良好、通达性强的地理区域，语言扩散传播状况好；自然条件差、通达性弱的地理区域，区域外的语言难以进入，区域内的语言也难以对区域外的语言产生大的影响，语言扩散传播状况差。

（2）社会人文因素

语言是一种社会交际的工具，其传播与扩散不仅受到自然因素的影响，更受到社会人文因素的影响。[1]

三、交际

(一) 交际的构成要素

信息源、信息、渠道、信息接收者、反馈、障碍和语境七个要素构成了整个交际的过程。没有这些因素的存在，便没有交际的产生。

1. 信息源

信息源也被称作信息发出者，是指拥有信息并试图进行沟通的人，即沟通者。沟通的目的各有不同，有的可能只是为了提供信息，有的可能是为了影响别人，还有的可能是为了与人建立某种联系等。信息源的概念是相对的，在整个交际活动中，交际双方往往互为信息发出者和信息接收者。

---

[1] 林俊良，张士伦，覃雪梅. 人文与经济地理学实习教程［M］. 武汉：武汉大学出版社，2022：34.

2. 信息

信息是指信息发出者试图传达给别人的内容，这种内容往往附加有沟通者的观念、态度和情感。沟通者附加的态度和情感主要通过声调、语气、语速、附加词、语句结构以及表情、神态、动作等方式加以传递。这种信息可能是直接明确的，即内容通俗易懂，直截了当，无须思索和逻辑推理，这种信息也可能是间接隐晦的，需要深刻理解和推理才能明白。

3. 渠道

渠道，即交际渠道，是任何交际方式发生的必要元素，是交际信息传递的途径。交际渠道可分为直接渠道和间接渠道，直接渠道指在交际的过程中双方可以进行面对面的交流，信息通过面对面的方式传递给交际对象的渠道。间接渠道指的是除面对面以外的其他交流渠道。直接渠道的好处在于信息发出者和接收者之间的消息传递最准确、最迅捷、最丰富，但是通过直接渠道进行交际受时间和空间的限制。间接渠道恰好弥补了直接渠道的不足，间接渠道的最大优势在于克服了时间和空间等物理距离对于信息获得的限制。

4. 信息接收者

信息接收者指接收信息的主体。信息接收者的信息接收是一个复杂的过程，包括一系列注意、知觉、转译和储存等心理活动。信息接收者有可能是多人，如正在听课的学生、听取演讲的听众、群体性事件中被说服的人群等，也可能仅仅是自己，如自我沟通的个人。

5. 反馈

反馈是指信息接收者对信息的反应。反馈可以反映出信息接收者对信息的理解和接受状态。反馈是交际双方对交际是否得到了顺畅进行的一个极为重要的评价标准。根据信息接收者对信息的理解、接受状态，反馈可分为正反馈、负反馈和模糊反馈。交际属于一种交互作用，在实际的交际过程中，交际的双方都在不断地将反馈信息回传给对方，双方始终处于一种互相传递和反馈信息的过程，任何一方既是沟通者也是反馈者。

6. 障碍

人们在交际中经常会遇到障碍，交际过程中任何环节出现问题，都会造成交际障碍，如信息不明确、没有表达清楚、信息没有被正确转换成可以交际的信号、错用交际方式、信息接收者误解信息，都有可能造成交际障碍。

7. 语境

语境是指交际发生时交际双方所置身的场所与当时的情景。在不同的语境中，信息会被赋予不同的意义。语境可以分为上下文语境、情景语境、社会文化语境。①

（二）交际的特点

1. 交际具有目的性

交际是传播者在一定的交际目的下展开的交流活动。在人类的交往和生活过程中，人会有不同的交际意向和需求，因此交际目的也多种多样。在交际目的的影响下，交际者需要选择不同的语言形式进行表达，从而力图促进交际的进行。交际的目的和思维形式紧密相关。在语言交际之前，交际目的便作用于交际者，从而作用于之后的交际行为。

2. 交际具有双向性

交际的双向性指的是交际主体之间的相互作用关系，这种双向性的存在使得交际和一般传播活动有所区别。例如，个体进行电视、广播活动都是一种单向信息传播方式，有着明确的传播主体和传播客体。

在具体的交际过程中，交际者需要不断传播信息与接收信息，因此交际的主客体角色不断转变。参与交际的个体既可以是交际主体，也可以是交际客体。

3. 交际具有不可逆转性

交际信息只要发出，就会被信息接收者接收并赋予意义，从而不可逆转，无法收回，只能加以修改。因此，在交际中，交际者要注意自己无意识的言行，以免对交际产生负面影响。

4. 交际具有系统性

交际是在庞大的系统中进行的，这一系统包括交际发生的场景、场所、场合、时间以及参与的人数。交际一定会发生在特定的场景中，人们的言行以及符号所代表的意义都受场景的影响。

交际的场所对人的交际行为做出了规定，在不同的场所，人们的交际行为有着不同的特点。交际场合也影响交际者的行为，每一种场合都有其相适应的行为模式，但在不同文化中，所规定的行为模式又各不相同。

任何交际都发生在一定的时间区间，如一般的谈话和演讲所持续的时间长度会不同。因为时间对于交际的影响作用并不明显，所以常常被忽略。交际过程也会受到交际参与人数的影响，与一个人讲话和与一群人讲话时的行为和感受是存在差异的。

---

① 任净，庞媛. 跨文化教育和跨文化交际教育研究 [M]. 北京：北京对外经济贸易大学出版社，2021：75.

5. 交际具有社会性

社会性是交际的本质特征。具体来说，交际的社会性体现在以下两个方面。

首先，交际的社会性体现在交际者是社会中的一员，主体能够在思维的作用下辨认、理解、使用语言符号，从而达成自身的交际目的。在跨文化交际中，交际主体的文化背景不同，因此其社会性特征体现得更加明显。

其次，交际活动的进行对于社会的发展与进步也有着重要影响，从而使得不同的组织群体出现。社会的发展是从初级向高级不断前进的，人们的生活范围也从居住地向全球范围内扩展。这些变化和交际活动的进行有着密切的关系。从这个意义上说，交际活动能够促进社会发展，跨文化交际更是如此。[①]

第二节　跨文化交际的基础知识

一、跨文化交际的定义

跨文化交际指的是不同文化背景下的人们之间展开的交际活动。现如今，一般人认为跨文化交际是来自不同文化背景下的人们，通过语言、信号等形式实现信息之间的沟通，展开思想层面的交流。从这一定义中可以归纳出如下几点。

1. 文化背景不同

在跨文化交际过程中，交际双方所处的文化背景是不同的。所谓文化背景的不同，这其实是一个比较复杂的概念，主要可以从如下两点来理解：一是不同文化圈导致的文化差异；二是在同一文化圈内，不同文化导致的文化差异。一般来说，人们眼中的跨文化交际都是从上述所说的第一点来说的，即不同文化圈导致的文化差异。在当前的跨文化交际中，由于文化背景存在明显的差异，很多的交际失误不可避免地会出现。

2. 使用同一种语言

在跨文化交际过程中，交际双方往往需要使用同一种语言展开交流，这样才能让彼此听懂，如果双方使用的语言不一致，那么双方的交际将很难维持。

[①] 任永进, 贺志涛. 跨文化交际背景下的中西文化比较研究 [M]. 北京: 中国大地出版社, 2019: 15.

但需要注意的是，虽然交际双方的文化背景不同，但是仍旧需要运用一种语言展开交际，那么就说明该种语言属于交际的一方而另一方后天习得这门语言。

3. 直接的言语交际

在跨文化交际的过程中，双方展开的是直接言语交际。在当前的外语教学中，翻译是其重心，这样培养出的学生主要是为了应对不同文化背景下人与人之间的交流。换句话说，不同文化背景下人们的交流需要通过翻译展开。

二、跨文化交际的类型与特点

（一）跨文化交际的分类

不同文化结构体系的主体之间的交际行为都属于跨文化交际的基本内容。然而，由于跨文化交际范畴与交际主体所属的文化圈不同，因此跨文化交际存在多种表现形式。

（1）根据跨文化交际范畴的不同，可以将跨文化交际分为宏观跨文化交际和微观跨文化交际。

宏观跨文化交际主要是指不同国家主体之间的跨文化交际。不同国家的主体，在习俗、传统与观念方面存在明显的差异。中国人与英国人之间的交际、美国人与日本人之间的交际、法国人与印度人之间的交际都属于宏观跨文化交际。

微观跨文化交际主要是指国家内部不同主体之间的跨文化交际。同一国家内生活地域不同或者所属民族不同的个体之间的交际行为，也属于微观跨文化交际的范畴。

（2）根据交际文化圈的不同，可以将跨文化交际分为文化圈内的交际和文化圈际的交际。

文化圈内的交际主要是指主流文化圈内不同个体之间的交际。比如，西方文化圈内不同国家的个体之间的交际，或者东方文化圈内不同地域的个体之间的交际，都属于文化圈内的交际。文化圈际的交际主要是指不同主流文化圈的个体之间的交际，或者欧洲文化圈与亚洲文化圈的个体之间的交际，都属于文化圈际的交际。

个体身处的文化圈不同，意味着文化差异的出现不可避免。文化差异的存在，使得个体在跨文化交际中使用的表达方式，以及表述内容所代表的含义，存在极为明显的差别。

（二）跨文化交际的特点

文化背景不同的主体之间面对面交流，这种交际形式被称为跨文化交际。通常情况下，跨文化交际主要呈现出以下特点：

1. 差异性

不同文化背景的个体之间的交往，既要受到价值观念、宗教信仰与文化传统等深层文化因素的影响，也要受到行为方式、生活习俗、社会身份等表层文化因素的影响。跨文化交际的差异性特点，一方面体现在交际双方的手势、服装和语言表达方式等存在差异，另一方面体现在交际双方的年龄、性别、职业、民族、地域等方面存在差异。这些差异性因素之间的相互作用，在影响跨文化交际过程的同时，也影响着跨文化交际的结果。

2. 冲突性

在跨文化交际中，差异极易造成误解与冲突，由于文化习俗的差异性导致的冲突性局面，在跨文化交际中极为常见。

3. 情感性

由于跨文化交际是不同文化背景的主体之间的交际，交际过程和结果充满模糊性与不确定性，这既容易导致交往主体产生心理上的紧张感和焦虑感，也容易引起交往主体在情感上的强烈反应。不同文化背景的主体在跨文化交际中产生的心理反应，被称为"文化休克"。"文化休克"的存在，充分说明跨文化交际带有鲜明的情感性特征。

4. 挑战性

考虑到跨文化交际中充满了误解、冲突甚至失败，这意味着跨文化交际想要获得成功绝非易事。与此同时，跨文化交际能够深刻影响交往主体的思维、态度、性格、阅历和视野。在收获丰富的阅历、成熟的性格、宽容的态度、缜密的思维、开阔的视野的同时，交往主体还增强了独立意识、适应能力和交往能力。在理解并尊重由于文化差异导致的个体生活方式的不同时，交往主体能够勇敢地迎接跨文化交际带来的挑战。[①]

三、跨文化交际模式

（一）群体或民族中心型交际模式

在民族或群体中心型的交际模式中，交际者 A 以自己的文化为参照物对

[①] 蔡静. 跨文化交际中的文化自信研究 [M]. 北京：新华出版社，2022：7.

待交际的对方 B。B 只是 A 的影子，B 自身的文化及其独特的个性完全被忽视。

（二）控制型交际模式

在控制型交际模式中，交际的对方 B 处在交际者 A 的监控之中，B 是 A 的操纵和控制对象，或者 B 被当作某种物品，它的自身文化与个性没有得到 A 的承认和接受。A 随心所欲地操纵和控制 B，从而达到自己的目的。

（三）辩证型交际模式

在这种交际模式中，可能有三种潜在的交际结果。第一种是交际者的命题与对方 B 的命题相对应，结果产生了包括 A 文化和 B 文化的完全独特的综合文化 C。这时 A 与 B 之间的文化差异完全消失，二者完全融为一体变成为 C，二者之间不存在什么矛盾，完全可以和平共处。这是一种超越 A 和 B 的理想的辩证统一体；第二种是交际者 A 失去自己的个性，而变成 B 的一部分。这是 A 对 B 的盲目信任和依赖或无私奉献的结果；第三种可能性是 A 操纵或把自己的文化强加于 B，使 B 完全改变自己而成为 A 的一部分。

（四）对话型交际模式

对话型交际模式与上面三种模式有着本质不同：交际双方（A 和 B）既彼此相互独立同时又相互依存。双方的共性与各自的个性都彼此承认，而且受到同样的尊重。尤其是彼此之间的相互性、整体性和彼此结合的动态性，即使在双方融合时，也都保存各自的个性。

在跨文化交际中，群体或民族中心型、控制型和辩证型都应该设法避免，而对话型交际模式最切实可行，也是最理想的交际模式。用这种模式进行交际，交际双方中任何一方的文化都不会被忽视。双方相互尊重、相互肯定对方的文化及彼此的个性特点。

对话模式建立的基础是，交际双方都从各自的立场出发，与对方进行交际；交际的重心不在任何一方，而是存在于对话式交往的动态流动之中。这是一个双方相互依存、相互合作并不断出新的过程。所谓从各自的立场出发，并不是说各自为政，而是彼此相互沟通。彼此相通也不是说双方处在一个绝对的中间位置，更不是说双方完全超越各自的文化或只构成一个缺乏动态过程的辩证式的统一体，而是处在一个动态多变、充满张力的相互作用过程，即双方都是积极主动的、富有创造性动力的。在这种模式的交际中，交际双方不仅相互承认对方的存在，而且对其差异都非常敏感，并彼此主动地进行沟通。这就像在东西方不同文化的交往中，双方都分别代表两种精神、两种文化，代表人类经验的两个互补的不同方面。交际双方如同人大脑的两半球，相互依存、相互作用，各自独立存在，而又彼此相通。①

第三节　跨文化交际学

一、跨文化交际学的定义

"跨文化交际学"到底是一门什么样的课程？贾玉新认为，跨文化交际学是以运用众多相关学科的理论研究成果为基础，揭示不同文化的人们在交际时会发生什么，怎么发生的，为什么发生，产生什么后果，以及如何解决和避免交际障碍和文化冲突，以达到有效的交际。②"跨文化交际学"研究具有不同文化背景的人们在各类交际活动中涉及文化的种种问题。跨文化交际学是在普通交际学的交际论的基础上，博采众长，吸收众多相邻学科的理论和成果，发展起来的一门交叉学科。这门学科以科学的理论和大量事实揭示跨文化交际这一动态多变的过程，探索它的本质和规律，以及影响它们众多社会文化、心理、环境、情景等因素，以演绎的方法探索交际行为、编译码过程、交际方式、语篇结构等方面与其底层文化的关系。这门学科还在文化对比的基础上，以大量的数据和事实让读者明白不同文化在交际过程中所可能产生的各种文化差异，发展人们对文化差异的高度敏感性。当然，这一学科研究的宗旨，在于通过比较、追本溯源，以及理论分析使人们达到有效的交际。

二、跨文化交际学的性质

跨文化交际学是一门交叉学科，具有多学科性，因为广义的文化无处不在，无所不包。跨文化交际学之所以可以成为一门相对独立的学科，是因为它在借鉴其他学科的研究成果时，有着自身的研究重点，即不同文化背景的人在交际中（包括面对面交谈，书面交流，非言语交际，对行为的反应等）会是什么样，为什么会那样，如何避免出现消极不利的后果。跨文化交际学不是孤

---

① 黄黎. 跨文化交际称赞语言特征与文化表现模式 [J]. 产业与科技论坛，2023，22（10）.
② 郑春华. 跨文化交际与英语文化教学 [M]. 北京：国家行政学院出版社，2018：31.

立地研究某一民族、某一群体的文化，而是专门研究文化接触碰撞、摩擦、冲突、渗透及有效交际的策略。

总之，抓住"文化"与"交际"这两个关键词，就能明确跨文化交际学的学科性质。通过文化研究，尤其是比较文化的研究，人们可以发现并解释交际行为的多样性与同一文化圈内交际行为的相对统一性。另一方面，文化是抽象的，是一个隐性系统，通过具体描述某个群体的交际行为或生活方式，最有可能揭示该群体的文化特征。文化背景决定着人们的交际行为，交际行为反映着交际者的文化背景。因此，从本质上讲，跨文化交际学是一门探讨文化与交际相辅相成之关系的学科。由于探讨文化与交际的关系主要是为了解决跨文化交际中的矛盾与问题，因而跨文化交际学在很大程度上又是一门应用型学科。

三、跨文化交际学的研究内容

跨文化交际学的具体研究内容，可先从它的研究领域及其时空范围来分析。

跨文化交际研究涉及交际的整个领域。从交际行为类型看，可将跨文化交际划分为言语交际与非言语交际两大块。从人类活动范围看，可专门研究不同文化中家庭成员的关系，师生关系，雇主与雇员的关系，顾客与店主的关系，熟人、朋友之间，陌生人之间的交际方式等等。从人际交往的语用规则看，可专门比较不同文化在称呼、问候、致谢、道歉、称赞、请求、告别等方面的差异。

从研究时间说，跨文化交际学应以现代交际为其研究中心，这是由跨文化交际学的实践性所决定的。跨文化交际学的根本目的是提高现代人在现代交际中的跨文化交际能力，因此，对已经消亡的历史文化现象一般不再涉及。这丝毫不影响现代人的跨文化交际，因而不可能成为跨文化交际研究的重点对象。当然，跨文化交际学在研究现代交际过程中，为了阐明文化差异之来龙去脉，有时也很有必要追溯历史。但追溯的主要目的是更好地说明现在，也就是说，先注重当代问题，而后才针对问题去进行一番历史考查。

从研究空间的角度看，跨文化交际学以各国文化及其交际习惯为自己的研究对象。不过，由于研究者的阅历及目的不同，在实际研究中，有的涉及多国文化，以探讨跨文化交际的一般规律；有的专门选择两个特定的国家、特定民族或特定群体进行对比，以满足跨文化交际的特殊需要。

关于跨文化交际研究的核心问题，可以用三个词语来概括：是什么、为什么、该如何。①

"是什么"是指来自不同文化背景的人在交际行为上存在哪些差异。

"为什么"是指为什么会有这些差异。

"该如何"是指面对这些差异，该如何沟通信息，达到成功的跨文化交际。

四、跨文化交际学研究的意义

（一）超越差异

相对于理论意义而言，跨文化交际具有更重要的实践意义。通过进行跨文化交际研究，人们不仅能够对其他民族的文化特征有所了解，还可以对自己民族的文化有更深入的理解，进而对自己民族的文化特性进行更客观的认识与分析。

但是，不同文化间存在的差异也不是绝对的。跨文化交际研究除了要发现不同文化间的差异外，还可以使人们认识到不同的文化间也存在一定的共性，更重要的是要超越不同文化间的差异。

因此，跨文化交际研究可以培养相关人员在情感、认知、行为等方面的适应能力，使其能够在跨文化交际中对于自己的文化习惯进行一定的修改，进而去顺应其他民族文化的文化规约和文化习惯，进而对跨文化交际双方间存在的文化差异进行正确的处理。

（二）发现差异

在世界范围内，不同的国家与民族形成了各种各样独具特色的文化。文化的多样性是跨文化交际学进行研究的前提。通常情况下，一种文化背景下的人们觉得是司空见惯的东西，对于另一种文化背景下的人们来讲，可能却很难理解。此外，就算是多种文化中都存在的概念，对于不同文化背景的人来说，也具有不同的含义。如果不了解不同国家或者民族间的文化差异，在进行跨文化交际的时候，交际双方就会因为文化差异形成分歧，进而对彼此的沟通产生负面影响，通过对各种文化背景下的人们的文化特征进行对比分析，跨文化交际旨在找出不同文化的人们间存在的差异，并且将这些差异展示给他们。

---

① 王淑雯，班颖超，苏冲，等. 社会语言学概论［M］. 成都：四川大学出版社，2021：139.

（三）认识差异

认识差异以发现差异为基础，如果没有跨文化交际对于不同文化间的差异进行研究，生活在不同文化中的人们可能对于对方生活的自然环境、社会结构以及深层次的文化结构，如价值观、宗教信仰、禁忌等，完全不了解。这样，来自不同文化的人们就很难进行跨文化的沟通与交流。而且，就算跨文化交际对于不同文化间存在的差异进行了罗列，人们在进行跨文化交际的时候还是会存在很多问题。

因此，跨文化交际研究除了要帮助人们发现不同文化间的差异外，更要帮助他们认识与理解这些差异，只有这样，不同文化背景下的人们才能更好地进行跨文化交际。从这个角度来看，跨文化交际研究就是要在使人们对不同文化差异有所了解的基础上，使其能够对于本土文化外的其他文化能够持一种积极、理解的态度，进而在与其他文化的人们进行交际的时候能够减少摩擦与障碍。

五、跨文化交际学研究现状

（一）美国的跨文化交际学

跨文化交际学兴起于美国，人们普遍认为霍尔的《无声的语言》出版，标志着跨文化交际学的诞生。霍尔对文化与交际的关系进行了深入的探究，认为不同文化背景下的人们在使用时间、空间表达意义方面有着显著的差异。在20世纪60年代之后，很多关于跨文化交际学的著作陆续问世，同时一些美国大学开始开展跨文化交际学课程。

在跨文化交际学发展的过程中，1970年是非常重要的一年。在这一年，国际传播学会承认跨文化交际学是传播学的一个分支，在学会下面成立了跨文化交际学分会。国际传播学会确定1970年年会的主题为"跨文化交际与跨国交际"。随后，跨文化教学课程在各大院校纷纷开设。1974年还成立了跨文化交际学方面最有影响力的一个组织，即跨文化教育训练与研究学会，现在已发展成为国际型组织。在这一时期，美国又陆续出版了一批有关跨文化交际学的书籍，其中影响较大的有萨莫瓦尔和波特合编的《跨文化交际学选读》、科登和约瑟夫合著的《跨文化交际学入门》等。

（二）欧洲的跨文化交际学

相对于美国，跨文化交际学在欧洲起步较晚，而且影响较小。国际跨文化教育训练与研究学会在欧洲的分支欧洲教育训练与研究学会已经存在多年，开过多次会议。此外，还有另一个研究跨文化交际学的组织在北欧活动，除了平时通过网络在会员之间保持联系，也定期召开国际会议。尽管在英国开设跨文化交际学课程的大学比较少，但这并不能说明英国学者对于跨文化交际学方面的问题不予重视。

(三) 中国的跨文化交际学

我国到 20 世纪 80 年代才开始关注跨文化交际学这一问题，起步相对较晚。20 世纪 80 年代，外语教学界引入跨文化交际学，并开始研究外语教学中的跨文化差异以及语言和文化的关系。1980 年，许国璋在《现代外语》上发表一篇文章，这是我国跨文化交际学诞生的标志，这也得到了学术界的普遍认同。随后，跨文化交际学在外语教学中得到了广泛应用，人们也开始意识到外语学习应与文化紧密结合，只注重语言形式而忽视文化内涵的教学不是好的外语教学。由此，外语教材中开始加入相应的文化知识和材料。

从 20 世纪 80 年代中叶开始，我国的一些大学开始设立跨文化交际学课程，包括北京外国语大学、黑龙江大学、哈尔滨工业大学、福建师范大学、云南大学等。

1995 年，我国首次将跨文化交际学作为主要议题，在哈尔滨工业大学召开了第一次跨文化交际学研讨会。

1997 年在北京外国语大学召开了第二届会议。此外，北京大学与美国肯特州立大学共同发起举办了主题为"交际与文化——进入 21 世纪的中国与世界"研讨会。

2023 年 10 月 16 日，2023 "一带一路"语言教育文化论坛在北京召开。

总体而言，跨文化交际无处不在，对跨文化交际进行研究，具备跨文化交际意识和能力，了解跨文化交际的理论和学说，对跨文化交际的顺利进行十分有利。

第四节　跨文化交际伦理规范构建

一、跨文化交际中的德性伦理规范

文化差异是跨文化交际者必须面对的问题，不同文化背景的主体间的交流和互动，有时会由于主体拥有的价值观和世界观不同，或由于主体的语言不得体或非语言的欠考虑行为，使交际双方产生误解和冲突。甚至，有时主体带有文化偏见和歧视、文化优劣、文化霸权主义等观念，以一元文化为尊，主观上致使交际双方处于不平等的地位，加剧交际双方的矛盾。这些文化差异、文化不平等，乃至于文化霸权冲击了某些处于弱势地位的本土文化，甚至导致其自我文化意识逐渐模糊和丧失。跨文化交际在伦理维度面临的问题日益突出，跨文化交际者深受"无范可循"的困扰。而伦理规范是调节跨文化交际中失范行为的有力工具，构建对交际行为具有约束力的规范，探索跨文化交际伦理新机制，用以积极避免和消除交际中的价值差异和消极后果，能够促使人们尊重文化差异，促进平等交流。

构建跨文化交际的伦理规范，将交往行为标准化，使交际双方有规则可循，以此树立跨文化交际的底线思维。现代人很难理解道德上的休戚与共。为了实现相互尊重与平等的跨文化交际，建立某种道德规范可以从规则上约束不同文化背景的人们之间的权利和义务，对交际行为拉起价值"红线"，并且将该道德规范视为维护交际双方平等交往的基本要求。然而，有伦理相对主义者否定跨文化交际中存在伦理规范的可能性。伦理相对主义者认为交际双方来自不同的社会和文化背景，任何个体都有着不同的道德自律，难以反映和概括交际双方的伦理道德规律。

诚然，文化和伦理的特殊性是存在的，但实际上并不妨碍我们构建有关跨文化交际的伦理规范，人类社会的进步依赖于共识价值的形成。基于社会行为理论，哈贝马斯认为人类的交际行为是从传统的共识行为演变成后传统的共识行为的，前者是共同体行为，后者是社会行为，二者的划分基于有无国家体制的形成。换言之，在代表某个国家的主流文化中，蕴含和凝结着该文化广泛传播的共识价值，并且在当地得到推崇。顾名思义，共识价值是指不同主体对公共价值达成基本一致的看法，强调道德价值观念的在场，其"道德—实践理性"与个体美德和共同善的由内而外的特点契合，揭示了"道德—实践—规范"的伦理生产路径，而德性作为跨文化交际伦理的道德起点，对伦理规范的制定具有指导性作用。不同国家的主流文化之间，也同样存在最为普遍的、属于全人类的共识价值。哈贝马斯共识价值的概念范畴停留在某一社会或国家层面，忽略了共识价值上升为全人类普世观念的可构建性。他进一步指出，共识价值之所以被现代社会的运作机制吸收，是因其蕴含了"道德—实践理性"，即在理性的驱动下，实践与道德互为表里，我们通过实践产生对事物的道德认知，继而将道德知识前置于实践。它印证了某个现代社会的伦理失范现象与该社会自身的德性伦理缺失有一定关联的客观事实。

在充分发挥德性的基础性作用的同时，应该确立规范在跨文化交际中的理性导向作用。跨文化交际的德性与规范是跨文化交际伦理的两个方面,德性伦理强调个体内化的道德观念的正确性,而伦理规范凸显个体外化的交往行为的合理性。跨文化交际行为的合理性,倡导不同文化背景下的人们以共同遵循的道德规范为判断依据。哈贝马斯认为,交往行为要符合理性,需要交际参与者在承认、重视并遵守共同的社会规范效应的基础上,选择恰当的语言进行以相互理解为目的的对话。为了达到德性与规范相互统一的境界,实现跨文化交际伦理的共识价值,需要跨文化交际者保持正确的道德价值观念,修炼内在的伦理思维,并且外化为道德实践,在实践中反复检验,从而制定跨文化交际伦理规范。哈贝马斯的理性观进一步启发了人们对"道德—实践理性"的跨文化交际伦理的动态发展路径的构建。①

由于现代人将德性和规范分别体系化,容易将德性从规范中抽离出来,用孤立的观点看待二者。将德性抽象融入规范的过程,难免牵涉德性依赖的文化背景。鉴于此,跨文化交际伦理规范的构建既要着眼于寻求全人类的共同价值,又要关注那些具有上升为人类共同价值趋势的处于不同文化背景中的主流思想,从而消解德性依赖于文化背景的问题。康德对此曾经提出道德律,以此泛指人类共同体所确定的适合一切社会和时代的道德生活的基本定律。以此来看,跨文化交际伦理规范具有普遍适用性和现代可构建性。

二、跨文化交际德性伦理规范的构建内容

(一)原则性规范

在跨文化交际的学科范围内,构建一套具有德性指引的伦理规范,能够解决跨文化交际过程中产生的伦理问题。该套伦理规范基于普世伦理的立场,依靠文化价值体现规范的有效性,对交际双方调适矛盾的内容施加具有普世性的约束力,适用于处在不同文化背景之下的每一个个体。将上述要点概括为相应的价值在处理具体问题的时候对相关者具有约束力。交际个体在德行向善的自我约束条件下,各自在一定情况下把普世规范价值当作自己的行为指南,实现交际主体之间的共同善。蕴含动态特征的伦理规范,不仅需要具备同时约束交际双方的语言和行为的效力,还要呈现出鲜明的现代性特征。同日益变化的国际社会交际关系相适应,由此体现规范构建的与时俱进。跨文化交际的原则性规范,是约束交际参与者的先行原则,是跨文化交际德性伦理规范的前提条件,对应交际参与者的应然法则。自律向善的正价自由与平等,分别对应个体

---

① 陈肖生. 辩护的政治 [M]. 北京:生活·读书·新知三联书店,2018:266-267.

的道德修养和人际的道德实践。

　　从个体的角度来看，德性是人们参与跨文化交际必须具备的基本内涵之一。德性在中文语境中往往指人性，人们通过有无人性来判断个体的品质善恶，因而此处所述的人性是指品质向善，交际主体虽然有自主决定择善还是择恶的权利，但是常人道德的基本尺度会给予交际主体择善的信号，实际上这种尺度还是以自由为基础的，只不过自由是有条件的、具体的。自由的伦理，既构成了人之所以为人的本质，同时也为人类赢得人之尊严提供了终极的理由。个体择善而行和向善而为的主观意志，可以称为正价自由；反之，个体品行恶劣和向恶而为的主观意志，则称为负价自由；个体处于自然状态，受本能、私欲和非道德冲动的驱使，则属于追求绝对自由权利的自然自由。此处将个体择善的意志定义为正价，其意取自当代社会中所弘扬的"正能量"。将正价自由视作原则性规范，能够为跨文化交际者提供积极向上的价值参考。

　　自由，指人的活动或在做决定时不为命运、必然性或环境所控制。当某一生命体被囚禁、被束缚或被包围时，其只能在特定的范围内移动，而这一空间的位置和大小则取决于某种外部障碍，一旦把自主性应用到主体外的其他物体，就是自由的滥用。根据上述有关自由的定义可知，主体间的跨文化交际活动享有自由权，在这种条件下，主体有权自由选择交际的方式、话语和行为动作。法国大革命纲领性文件《人权宣言》指出，自由即有权做一切无害于他人的任何事情，明确地指明了自由所倾向的正向积极的伦理思想。康德认为，意志自律是一切道德律的唯一原则，自我订立准则属于积极自由，即人成为自由的主宰者并且能够实施相应的自我治理手段，这种自律是一切准则（规范）的形式条件。孔子的伦理观同样重视自律，例如孔子说："为仁由己，而由人乎哉？"仁是君子主动做出的选择，而不应受外在的影响，但是仁属于儒家的人格理想，与康德对人的基本状态的假设不同。综上所述，孔子与康德都认为自律是自由的基本条件。

　　现代国际社会广泛讨论和拥护的自由，是同一自由的不同限度。每个国家都有不同的经济基础和社会构建的原则，自由的限度也会有相应的不同。当进入自由限度不同的国家或者地区，交际者难免会产生不适感，需要交际者自身积极调适。这种调适需要交际者认可自律向善的正价自由。若个人意志以"欲望"为动力，则容易使人走向道德败坏的境地，而个人意志以"善"为指引，则能够发挥德性的积极效用。康德和孔子两位先哲赋予自由以自律准则，凸显主体主动遵循法度而行事的善良意志。

　　从人际关系的角度来看，平等的伦理秩序有利于交际双方利益的公正。此处所述之平等，非占有具体生产资料或者发展机会、行动结果上的平等，而是享有公正合理的权利上的平等，要求交际者摒弃以自我为中心的思想。平等是指社会主体在社会关系、社会生活中处于同等的地位，具有同等的发展机会，享有同等的权利。哈贝马斯认为，社会行为类型可以界定规范共识的平等观。在人类社会早期，规范共识属于共同体行为，是传统的共识行为，比如马克思主义平等观和消灭阶级的思想。后来，这种规范共识属于社会行为，是后传统社会的共识行为，比如性别平等、职业平等的思想。

人类社会的发展，呈现出一幅人类不断追求平等的蓝图。在两千多年前，儒家的代表人物孔子提出"有教无类"等德性思想，宣扬教育平等，重视人的价值。一方面，孔子抨击不平等的体制和礼法；另一方面，他又倡导仁爱、有教无类等德性思想。这种平等观念，与孔子自身的生活环境也存在密切关联。孔子出身贫寒，常常对弱势群体表达关心，平等是孔子非常重视的人际交往的行为准则，充分展现出交际之德性。

平等作为原则性规范，对霸权主义有消解作用。跨文化交际活动得益于全球化和科学技术的发展，有愈发蓬勃之势。人们为了保持社交距离，用网络沟通代替了面对面的沟通，这种方法虽然有利于提高交际的效率，但是催生了新的交际伦理问题。地理意义上的隔离，容易激化民族中心主义和文化偏见，加之多模态网络交际有其模糊性，信息文字和表情符号不能取代面对面交际的肢体语言、表情和语气等，且容易引起交际双方误解。现代网络交际，需要抚平民族情绪，而平等不失为一剂良药。平等这一德性伦理，不仅支持种族、民族和国家在人权上的平等，而且宣扬互相尊重的交际立场。孔子提出人类普世交际准则："己所不欲，勿施于人。"可见，坚持平等观，使交际者保持宽容的心态，可减少矛盾和冲突发生。

图 2-1 为跨文化交际的原则性规范动态模型，交际主体进入共同的交际空间之前，需要自主选择自律向善的正价自由交际，或是以恶为导向的负价自由交际。由于交际行为带有主观动机，而且现代自由存在理性限度，自然的自由交际几乎成为空想，所以图 2-1 省略了自然自由交际的部分。在一般情况下，交际主体会趋利避害，选择有利于交际目的和交际效果的正价自由交际，由此交际双方才真正地进入交际的公共空间。负价自由交际以德性的对立面——恶为价值导向，容易引起跨文化交际的伦理冲突，应予遏制，在图 2-1 中以虚线的形式表示。在交际中，假定字母 A 和 B 分别代表交际者 A 和 B，权利平等的天平或处于平衡状态（A=B），交际双方自然达成并存的利益关系且无需调适；交际的其中一方的权利高于另一方（A>B），此时需要调适系统对权利较高的一方（A）实行优先原则，对权利较低的另一方（B）实行补偿原则，最终将交际双方调适为相对平等公正的关系。此处平等公正并不意味着天平的永

远平衡，在许多情况下，交际双方的资金背景、技术和思想理念存在差异，利益分成和成果转化率也就产生了差距，而我们倡导的是一种相对平等的公正关系，处于强势地位的交际方应重视尊重弱势一方的价值。在原则性规范动态模型的调适下，交际双方将得到有效的指引，逐步构筑理想的交际关系。

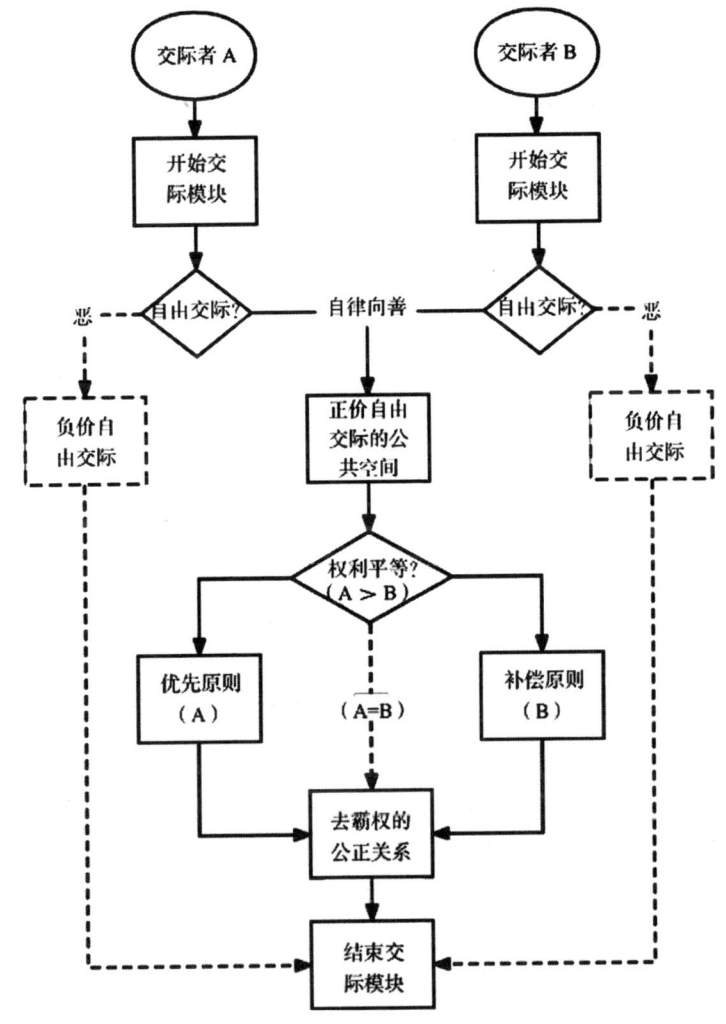

图 2-1 跨文化交际的原则性规范动态模型

　　自主选择和适应的动态模型功能凸显出跨文化交际德性伦理规范的动态特点和时代特征。在新时代交际背景下，自律向善的正价自由为交际者创造出了一个全新的公共空间，进入该空间就意味着遵循德性，保证交际主体内在伦理构建的需要，为交际者确立公正平等的权利关系，保障弱势方的基本利益。

(二) 程序性规范

哈贝马斯在对交往行为的阐释中，明示了相关的交际程序。在哈贝马斯的观点中，交往行为是指交际双方的行为计划不是通过各自的斤斤计较，而是通过相互沟通获得协调，沟通是具有言语和行为能力的主体相互之间取得一致的过程，通常以语言为媒介。哈贝马斯进一步指出，交往行为的参与者不仅追求自己的目的，还会遵守在共同确定的语境中对他们的行为计划加以协调这一前提，因而交际目的应当作为构建跨文化交际伦理的初始程序。交往行为是明确被视为以沟通为取向的行为，但哈贝马斯依然强调交往行为也有具体目的。为达成某种交际目的，交际双方会订立契约，以保证双方目的的合法性。西方契约精神由来已久，而与之对应的德性内涵是诚信。诚信是确立人际关系的有力手段，也是维系人际关系的道德实践结果。在交际行为（对话和行动）中，人际关系的理想状态就是诚信，其反面是违约和背叛。在当代，维护共同利益和营造双赢局面尤为重要，诚信相当于超前投资，奠定义利双成的未来格局。跨文化交际涉及交际目的、交际过程和交际价值观三个具体程序，分别以善、诚信和义利双成为德性内核，引导我们进行跨文化交际的道德实践。

程序性规范，指交际主体在交际的不同阶段需要实现和履行的权利、职责及相应的评价准则。程序强调主体的交际伦理履行次序，不同阶段对应不同的德性规范，也需要参考不同的价值评价标准，主要分为善、诚信和义利双成。

首先，我们要建立交际行为目的的程序性规范，其德性内涵参照"善"的价值内涵，主要包括情景语境是否友善、行为动机是否善良。儒家提出"性善论"和"止于至善"，确立了个体德性修养的精神原点"善"和最高目的"至善"，且"善"以其强大的生命力和动态发展能力，在当代社会得到重视和传承。其次，我们要建立交际过程中对话的伦理规范，其德性内涵是"诚信"，主要包括对话是否真实、语气是否真诚以及承诺兑现的程度。再次，我们要树立适应时代发展要求的交际价值观，其德性内涵是义利双成。最后，善、诚信和义利双成构成跨文化交际的德性规范。三者相辅相成，缺一不可，共同铸就理想的跨文化交际伦理，分别涉及跨文化交际伦理的不同过程和不同方面。跨文化交际的德性伦理规范构建主要有"四面""三角"，"四面"指交际维度、交际程序、德性规范和效果评价四个层面，"三角"指交际主体、人际互动和时代背景三个视角。[①]

[①] 蒋晓萍，张嘉洛. 论跨文化交际伦理规范构建 [J]. 长沙大学学报，2022，36（4）.

第三章 跨文化交际与高校日语教学的融合

经济全球化、文化多元化的时代背景，促使各国开始积极、频繁地相互沟通。各国沟通过程中最大的障碍早已不是语言，而是文化。对此，相关教育部门有必要以此为出发点，更加关注跨文化交际与高校日语教学的融合。

第一节 跨文化交际视角下高校日语教学的影响因素

一、结构因素

外语教学可分为微观、中观和宏观三个层面。在微观领域，主要从教学目的、知识内容、语言技能三个方面阐述了外语教学实际上就是一种"语言能力"和"交际能力"的培养过程。在宏观方面，认为外语教育的最终目标就是"社会文化能力"，将跨文化交际能力与人的素质培养统一起来。这一理论同样适用于日语教学，传统的日语教学通常注重的是学生能否达到考试水平，能否满足用人单位的语言能力要求，因而忽略了对学生综合能力的培养。但随着中日交流的不断深入，对日语人才的要求也发生了很大的变化，就连 JTEST 和 JLPT 的内容也增加了与跨文化相关的知识点，以期培养面向多文化社会的跨文化交际人才。因此，在日语教学中实现跨文化交际能力的培养，显得尤为重要。根据跨文化交际能力的组成因素，在日语教学过程中可以设计为三大环节：知识结构形成环节、意识结构建构环节、技能结构训练环节。这三个环节之间紧密联系、不可孤立，通过环节之间的相互促进，实现对学生跨文化交际能力的培养。

（一）知识结构

日语无论是口语还是书面语，都会根据不同的对象、功能、表达意图等选择不同的语体、语法形式和词汇，这是日语的表达特征。在日语跨文化教学中，首先要以听、说、读、写、译的"硬技能"培养为基础，再包括价值观、社会文化、风俗习惯等所有与日本文化与语言相关的"软文化"知识点的讲述。一国文化价值观是跨文化交际的核心，若不理解价值观的差异便无法实现跨文化交际。因此，价值观文化的相关知识是知识结构的主要部分。教师在教授日本文化知识时，可以将语言知识与文化知识模块化和系统化，讲授语言知识的同时辅之以文化知识的讲解，便不会出现孤立、枯燥的现象。同时，知识结构的形成不仅需要课堂上的知识学习，更需要学生自觉地接触和自我内化，教师可以引导学生利用日语角、日本文化展等具体实践形式，实现对日本文化的知识积累，为技能和态度的养成打下坚实的基础。

（二）意识结构

日语跨文化学习的态度和意识养成，需要教师引导，学生主导。重点在于学习者对日本文化的包容和接纳，主要接纳日本文化与本国文化的差异。现在许多学生存在一种学习现象，边学习日语边否定自己所接触的文化知识。造成抵触情绪的原因多种多样，首先是因为语言知识没学好、基础差，无法实现语言上的正常沟通。其次因为在信仰、信念、态度、权利和责任等价值观上中日之间存在差异性，导致无法接纳"各得其所、各安其分的社会文化""内敛型的社会文化""双重性格的社会文化"等。此外，还有历史和政治等因素，如日本"对历史的态度""对领土的态度"和"对死者和死亡的态度"等。因此教师应该侧重引导学生对日本文化的包容，客观看待历史，积极面对未来，培养学生对跨文化交际的自信心。

（三）技能结构

技能训练目的在于将文化知识和意识态度内化为一种交际技巧。在实际教学中，可以将其分为课堂内训练和课堂外训练。课堂内训练的课程设计主要突出内容的精细化和可操作化。例如，在日语文化教学中典型的"日语暧昧表达的使用"这一课程设计中，首先可以利用小组内分别加以训练，重视对对方的"体察"，语言和行动应体现"礼貌"等内容，避免满堂灌，教师最后的评价要有针对性和反馈，使学生清晰地掌握实现跨文化交际的手段。课堂外训练是将课堂知识内化为交际技能的主要方法。课堂外训练的环节应注重坚持和实效，有目的地与企业和院校的外事业务对接，与时俱进。这样才能让学生体验到真实的跨文化交际场合，有利于学生将课堂内和课堂外的知识内容合二为一，进一步夯实跨文化交际技能。

以上三个方面之间相互联系密不可分，知识结构是意识和技能的基础，意识结构是知识和技能结构的内在动力，技能结构则是知识和意识结构的最终目的。"独木不成林"，每一个结构、每一个环节都是相互影响的，教师应该在教学中注意三个结构的融会贯通，达到培养日语跨文化交际人才的目的。①

二、文化失语

自古以来，中日两国一衣带水，在语言、文化等方面互相影响，交流也日益扩大，因此高素质日语人才的需求量也逐渐加大。但是，目前全国高校无论是在日语课程设置方面，还是在日语教材方面，都只是单纯地强调日语语言知识的学习，对日本文化的介绍内容偏少，对本国文化的介绍更是寥寥无几。此外，部分日语教师的本国文化素养有待提高，高校日语学生对本国文化所知有限，普遍出现本土文化失语现象，严重影响了中国本土文化的对外交流和传播，妨碍了跨文化交际的顺利展开。

(一) 关于中国本土文化失语现象的先行研究

"中国文化失语"的概念最早出现在 2000 年 10 月 19 日南京大学从丛教授的文章《"中国文化失语"：我国英语教学的缺陷》中。他认为我国英语教学迄今仍普遍存在一个重大问题，即"中国文化失语现象"。此后，该问题受到了教育界的普遍关注。虽然其研究对象为英语教学问题，但在我国高校的日语教学中，也同样存在中国本土文化的失语现象。周晓冰详细介绍了河南省内高校日语专业教学中本土文化的失语现状，并进一步分析此现象产生的原因并探索其解决对策。② 范冬妮论述了高校日语教育与本土文化相融合的重要性，分析了本土文化在日语教学中失语现象的主要原因并提出了相应的解决策略。③ 王召弟从价值观、语言行为、非语言行为、社会文化背景等方面提出将中国文化导入日本教学的若干措施。④

---

① 裴蕾. 日语跨文化交际能力培养的结构因素解析 [J]. 吉林广播电视大学学报，2019 (5).
② 周晓冰. 日语教学中"本土文化失语"现状调查 [J]. 江苏技术师范学院学报，2011，17 (9).
③ 范冬妮. 高校日语教学中本土文化失语现象分析 [J]. 辽宁师专学报，2015 (2).
④ 王召弟. 日语教学中中国传统文化导入研究 [J]. 课程教育研究，2017 (29).

（二）高校日语教学中本土文化失语现象产生的原因

1. 社会观念出现偏差

二战后日本一跃成为世界第二大经济强国，逐渐成为世界关注的焦点，再加上日本的动漫、游戏等在全世界流行和广泛传播，导致许多年轻人被日本文化吸引，他们崇拜日本文化，对我国的本土文化则不太重视。在这种社会观念的引导下，社会普遍出现了本土文化的失语现象。一些日语学习者在学习日语过程中，对日本的女儿节、男儿节等表现出浓厚的兴趣，而将我国的一些传统节日丢在一边，视而不见。这是导致高校日语教学中本土文化失语现象产生的根本原因。

2. 教学大纲和课程体系设置不合理

2001 年教育部编写的《高等院校日语专业基础阶段教学大纲》（以下简称《大纲》）虽然开始重视培养学生的跨文化交际能力，提出"培养学习者的语言运用能力、跨文化交际能力将成为 21 世纪日语教育的重要目标"，但在具体的教学要求方面还不够细致和全面，只提到丰富学生的日本社会文化知识，培养文化理解能力，既是跨文化交际能力的基本内容之一，又与语言规则有着密切关系，教学中应当渗透涉及，可见《大纲》关于教学内容的规定还仅停留在日本文化知识的教授层面，只字未提中国本土的文化知识。在此《大纲》的指导下，近年来，虽然有一些高校和学者着手对日语教学进行改革，开始注重在日语教学中导入文化，但几乎都将重点放在日本文化的导入方面，对日语教学中本土文化的缺失现象及导入策略的研究则比较少。

2020 年 2 月教育部发布的《普通高等学校本科专业目录（2020 年版）》中，"文学"学科下的"外国语言文学类"专业的主要课程中没有设置"中国古典文学史""中国文化概论"等关于中国本土文化的课程。这就导致各高校日语专业在制定课程体系时容易忽略设置中国文化类课程，这是导致中国文化失语现象的一个直接原因。虽然有些学校开设了中国文化类课程，但内容比较单一，且没有与日语相结合。这样一来，日语专业的学生会认为这些课程与日语无关而不重视。另外，即使学生学习了这些课程，对中国文化有了一定了解，却不懂如何用日语正确表述，更不用说在跨文化交际中向日本人介绍本国文化。

此外，在日语专业课程的设置中，基础日语即日语精读课的课时所占比重最大，普遍为一二年级每周 12 课时，三四年级每周 6 课时。虽然学生进入二年级后会增加日本概况、日本文化概论、日本文学史等介绍日本文化与文学方面的相关课程，但课时较少，每门科目每周仅 2 个课时，不受重视。这样一来会导致学生误以为日语精读课为主课，要认真掌握单词和语法，而日本概况、日本文化概论等课程为辅修课，只需作为兴趣听听即可。久而久之，造成学生偏科严重现象，最终只能培养出只懂语言、不知文化的学生。这样的学生虽然具有较扎实的语言功底，但在交流中谈及本国和日本文化时，就会显得力不从心，导致无法顺畅地进行沟通交流。

3. 教学过程中缺乏中国本土文化

教学过程是教师的教导与学生的学习过程，由教材、教师、学生、教学四个要素构成。若其中某个要素缺乏中国本土文化，教学效果就会受到很大的影响。

首先，在教材方面，其中，日语精读教材中教条式的语法讲解占据了很大篇幅，中国人与日本人在思考方式、言行举止的不同却没有充分表现出来。会话教材和阅读教材中也主要围绕日本文化，极少见到中国文化的相关内容。即使出现部分中国文化，也没有构成一个有机体系，编者仅仅只是为了会话或阅读文章的需要，碰巧使用了一些中国文化元素。这样一来，就导致教师在课堂上很少补充中国文化的相关知识。即使在课外，日语教师和学生也很难找到与中国文化有关的日语材料。因此，师生获取中国文化相关的日语表达的途径非常有限，导致日语专业学生无法很好地掌握如何用日语介绍中国文化。

其次，目前大部分高校的日语教师毕业于日语专业，接受的都是传统的日语教育，即单纯地教授日语语言知识。因此，他们虽然都具有扎实的日语语言知识，对日本的历史文化也有一定的了解，但对本国文化的了解却有所欠缺，母语文化功底较为薄弱，更缺乏用日语将本国文化的相关知识传授给学生的能力。同时，他们也不具备开阔的跨文化交际视野，他们普遍认为日语教学就是简单地讲授日语单词和语法知识，忽视了日本社会文化，尤其是中国社会文化方面的内容。由于他们自身对中国的本土文化不够关心和重视，自然就忽视了其在跨文化交际中的重要作用。因此，若日语教师本身的文化修养不高，自然就无法培养出高素质的日语人才。

再次，日本国际交流基金委员会主办的日语能力测试和中国教育部主办的日语专业四级、专业八级考试是目前高校日语专业学生参加的主要考试。但这些考试几乎都没有涉及中国文化方面的内容。因此，高校日语专业的学生为了通过这些考试，往往也只注重日语语言知识的学习，而忽略了母语和母国文化，对中国文化所知有限，缺乏基本的文化素养，自然就无法用日语精准地表达本国文化。这势必会影响他们之后的日语交际能力，导致他们只能一味地进行单方面交流，接收外国文化，而无法将本国文化传播出去，实现双向交流。

最后，目前大部分高校的日语教学都采用传统的教学方式，教学模式较为单一，方法较为枯燥，几乎都是以教师为主体，填鸭式地将日语单词、语法等语言知识照本宣科地灌输给学生，而学生则是被动的接受者。这样的教学方式势必造成日语学习效果差，无法调动学生学习日语的积极性。同时，教学内容也仅仅局限于日语的语言、文化知识，很少涉及日本文化的内容，更不会涉及中国本土文化的相关内容。这是导致中国本土文化失语现象的直接原因。①

第二节　日语教学中的语用失误现象分析

一、语用失误概述

语用学是为了研究特定语境下话语意义恰当的表达和准确的理解，由此可知，语用失误现象则是言语交际中话语意义不恰当地表达和不准确的理解。这种现象在日常语言生活中是常有发生的，语用失误现象与不同的语境因素尤其是文化语境、交际者的言语动机、言语方式等都有着密切关联。

我们将人们在言语交际中，因没有达到圆满交际效果的差错，统称为语用失误。这类失误不是来自语言本身的语法错误等方面的问题，即不是语法结构出错而导致词不达意；这类语用失误主要归因于说话的方式不妥，或者不符合表达习惯，或者说得不合时宜。从中可以看出，说话方式不妥即言语方式不恰当，不符合表达习惯和不合时宜都和语境因素有关，因此我们可以说语用失误是人们在言语交际中，虽然使用了正确的语言结构系统（包括语音、词汇、语法），但由于语境因素的缺失或错位，以及交际主体的态度、动机、表达上的不合适而造成的并未达到圆满交际效果的现象。②

二、日语教学中语用失误的影响因素

在大学日语教学过程中，也经常会出现大学教学中的语用行为失误情况。那么究竟有几种因素导致了这种失误呢？

第一，汉语思维直接扰乱日语学习过程的思维逻辑和语言环境。因为首先针对日语的学习，中国学生都没有相应的语言环境和语境熏陶，连基本的交流

---

① 刘丹.跨文化交际背景下高校日语教学中本土文化的失语现象及对策研究［J］.山西经济管理干部学院学报，2022，30（3）.
② 张云鹤，黎海情.跨文化交际研究［M］.成都：电子科技大学出版社，2020：69.

和锻炼都是通过大学课堂来实现的，这样一来，大学生就会在针对日语的学习过程中受到中国文化背景和汉语言逻辑思维的影响。出现在实际的交流和会话过程中频繁出现中国式日语的现象。

第二，日语教学方法存在问题。这种现象一般出现在大学生的授课课堂中。也就是说教师除了要教授学生知识，同时，必须帮助学生摆托语用行为失误的问题。因为如果教师只是片面化地教授课本上的知识，而不是帮助学生正确地掌握学习方法和日本文化背景，就会直接导致学生放弃自己克服语用行为失误。

第三，突破文化差异才是大学日语教学中的重中之重。尤其是中日双方的价值观认知更是学习过程中的关键。千百年来，由于许多文化的养成和行为习惯、文化生活背景的不同，中国人和日本人也有着不同的价值观。①

三、日语教学中语用失误的改善举措

大学日语教学的任务不仅要培养学生的听说读写译的语言能力，更要培养学生的语用能力，要克服跨文化交际中的语用失误，就必须增强文化的敏感度，因此，在日语课堂教学中，教师不仅要重视学生日语语言表达的准确性，还要注意表达的得体性。

（一）提高语用意识

首先，日语教师要转变教学理念，注重文化背景知识的导入，教师还应该根据学习者的实际情况，采取灵活多样的教学方法，营造轻松、和谐、愉快的课堂气氛，使学生在舒适的环境中能更好地掌握日语。作为语言环境的营造者和学生潜能的挖掘者，教师要为学生创造机会，营造最佳的语言环境，使学生在这种环境中最大限度地发挥自己的潜能，通过语言的学习与应用，逐步提高自己的语言水平和语言技能。语言教学不仅仅是语音、词汇、语法等语言知识的教学，还应对语言形式、文化背景、语言环境等进行语用分析，教授语用知识，培养学生准确理解和恰当运用语言的能力。因为只有重视积累语用对比方面的知识，才能更自如地使用日语。在实际的教学过程中，教师不仅传授语言知识，对词汇进行讲解，更要有意针对课文文化主题，系统介绍相应的文化内涵，从而使文化教学融入大学日语语言教学中。如在词汇教学中，教师应先介绍与之相关的文化背景知识，使学生在了解其表层词义的同时更加了解其文化内涵，尤其是将带有文化内涵、具有文化符号色彩的如动物、颜色、数字等在

---

① 王强. 从语用行为失误看大学日语教学 [J]. 文学教育，2018（20）.

英汉中有显著不同联想意义的词汇，在不同语境中的运用作为日语教学的重点，这样，就可以达到学以致用的效果。

不仅如此，在课外，教师应鼓励学生大量阅读日语经典小说、日语报纸、杂志等，这样既可以利用有限的课堂和充足的课余时间，给学生创造使用语言的环境，又可以提高学生的学习兴趣，使学生有意识地参与交际活动当中，进而提高语用能力。

教师应确立以学生为中心的教学模式，体现学生的需求，以提高和巩固学生的语言综合技能为宗旨。在课堂内，坚持以学生为中心，教师扮演组织者、引导者、合作者的角色，鼓励学生积极参加课堂活动，不断培养学生的学习兴趣，变被动学习为主动学习，形成浓厚热烈的日语课堂气氛，提高教学效果。加入大量的以学生为主导的练习方式，一方面激发学生参与的积极性，另一方面创造模拟场景，为学生提供身临其境和能够开口说话的机会。在课余，鼓励学生多读、多看，多参加日语演讲比赛、辩论赛、日语角等，变学生的"要我学"为"我要学"。

（二）避免母语的负面干扰

母语的干扰是造成语用失误的重要原因。因此，大学日语教师应帮助学生避免母语的负面干扰。比如，向学生介绍中日两种语言从词汇到句法、篇章及文化方面的异同点时，要辅以大量实例说明，使学生全面地了解这些差异，进而明白汉语负迁移产生的原因及表现，以便在学习中最大限度地排除母语的干扰。除此之外，要让学生养成自觉对比汉日语言的习惯，发挥母语的正迁移作用，合理利用母语资源。同时，可以利用电化教学设备以及多媒体技术，增加课堂的信息量，给学生提供真实的语言交际情景。总之，在学习过程中，克服汉语思维及表达习惯对日语学习的影响，可有效减少语用失误的发生。

（三）加强语境教学，提高学生语用意识的敏感性

成功的日语课堂教学应是能为学生创造更多的情景，让学生有机会运用自己学到的日语语言材料，语言教学不能只作为知识传授，而应作为技能来培养，把教学与语言功能、情景和文化的教学结合起来。因此，教师在课堂教学中不但要介绍语用知识，还要通过组织多样的课堂活动如讲故事、角色扮演、课堂讨论、辩论、日语角等第二课堂活动给学生提供一个语用实践的平台，使学生在使用语言的同时深刻体会到西方的礼仪习俗，培养学生的跨文化交际意识，提高文化敏感性，以达到自如运用日语进行交流的目的。

综上所述，跨文化交际中语用失误现象的存在对大学日语教学提出了更高

的要求，而培养学生创造性的交际能力正是现代日语教学的最终目的。因此，大学日语课程教学中，教师绝不能仅仅教授单纯的语言知识，培养学生听说读写译的技能，还必须努力培养和提高学生的语用能力，具有恰如其分进行交流的能力。

第三节 跨文化交际与外语教学

不同文化背景的人在各种交际活动中所涉及的文化内容都属于跨文化交际的探讨内容。而培养外语人才，使之能够与不同文化背景的人进行有效的交流交际，是外语教学的重要任务之一。学习某种语言是培养该语言的语言运用能力的过程。语言是文化的重要载体，也是文化不可缺少的重要组成部分，起着重要的传播文化的作用。而文化是要通过语言进行实际反映的，人们学习某种语言的同时要了解支撑此语言的文化内容，二者不能孤立。外语教学不是简单的基本语言技能的培养，而是要在教学中不断渗透文化知识和思维方式，增强学生的跨文化交际意识，同时提高其跨文化交际能力。[①]

一、跨文化交际与外语教学的关系

跨文化交际学研究涉及的课程有：词汇教学、精读、泛读、外国概况、口语、翻译、语言对比、外国文学、篇章分析、教学法、普通语言学以及由此分离出来的句法学、语义学、语用学等。当然还包括跨文化交际学本身。学者们根据自己教学和科研的情况，撰写了大量的有关外语教学中各门课程与文化进而和跨文化交际相关的论文。以词汇教学为例，词汇文化内涵与跨文化交际有密切关系。广大外语教师普遍认识到，由于不同的历史、地理、民俗、社会等原因，中外语言在词汇的内涵上既有差别，又有联系；词汇在不同的语境中被不同文化背景的人所使用时，其文化伴随意义会有所差异，使用不当，就会造成实际表达的内容与说者的本意不同，影响人们的相互理解，甚至产生误会，给交流带来障碍。教学时词汇的讲解与分析必须提高到文化的高度，使学生深刻理解词汇的字面意义和引申意义的异同，以提高他们跨文化交际的敏感性，这是有效进行跨文化交际的关键之一。

---

① 姜东霞，屈连胜，何杰，等.跨文化交际视角下的外语教学与学生综合能力的培养[J].教育教学论坛，2020（25）.

同时，跨文化交际与外语教学的关系还体现在以下不同的阶段和层次之中：如小学、初中、高中、中专、大专、大学本科、研究生以及外语专业、非外语专业和成人的课堂教学之中。这必然会对外语教学的一系列环节提出不同的要求。学者们也分别对不同环节做了一些探讨。在具体教学方法上，可谓是百花齐放，包括讲解法、实践法、文化辅助法、比较和对比法、参与和体现法等。比如讲解法，要选择含有文化内容的语言材料，将容易引起学生理解困难的词语和表达法进行专门讲解，同时还可通过举办西方文化知识专题讲座的形式给学生介绍文化习俗、词语掌故、历史事实等。同时，以即时信息为基础向学生全面介绍英美文化背景知识、社会风俗习惯及西方人士的价值观、时间观和思想行为模式。综合日语翻译课应注重比较语言和文化的差异，分析其中的含义，注重讲解由文化差异而产生的表达方式的差异。实践法重在把语言知识用于实践，鼓励学生通过大量具体的听、说、读、写等语言实践学习来掌握外国文化知识。外语电影、电视录像等是学生喜闻乐见的教学手段，可以帮助学生观察、思考其中所包含的文化成分。互联网上有丰富而且即时的日语资源，也可以加以充分利用；还应鼓励学生大量阅读外语文学作品，帮助他们获得大量的语言知识，获取更多的文化知识等。具体来说，比如在口语听力课中，教师应在充分利用多媒体等现代化教学设备和电教手段的基础上，努力创造出与教学内容相适应的文化氛围，设置恰当的情景，通过对话、现场交流，把机械的句型操练转化为生动活泼的实景演示，逐步培养学生学会如何运用所学的语言文化知识的能力，使他们敢于和乐于开口去说，主动得体地与外国人进行交流。另外，还要教会学生善于把了解到的外国文化与中国文化进行对比总结，这也是一个非常重要的了解外国文化的途径。

跨文化交际与外语教学的关系还涉及外语交际能力及其与母语交际能力的关系以及跨文化意识。外语交际能力的获得是在基本掌握母语交际能力的基础上学习获得的。中国学生在外语交际能力中的两个明显不足：一是缺乏本国交际规则的明确知识，因此，不懂得尊重对方的交际习惯；二是缺乏对外语交际规则和交际模式的明确知识。二者分别和母语及外语教学的失误有关。这种情况的出现又和"跨文化意识"的培养息息相关。在教授外语时除须始终贯彻语法原则、交际原则外，还应始终贯彻文化原则，用对比教学的方式使学生了解不同语言文化的背景，学会不同文化的交际模式，增强语言使用的跨文化意识。另外，针对不同年龄段的学习者，采取不同的教学策略，培养和增强其跨文化意识，使跨文化意识的培养贯穿外语教学始终。

跨文化交际能力培养应融入语言技能课程之中，外语教育应为我国社会发展与经济建设培养具有跨文化交际能力的外语人才。在经济全球化的今天，跨文化交际能力是现代人的基本功,培养学生跨文化交际能力是外语教学的首要目标;外语教育应为我国改革开放与对外交流培养具有跨文化交际能力的外语人才;跨文化交际能力培养应融入语言听、说、读、写、译等语言技能课程之中。[①]

二、外语教学中培养跨文化交际能力的必要性

外语教学应该包括对学习者语言能力、语言运用能力、社会文化能力和跨文化交际能力的培养。其中跨文化交际能力的培养首先涉及对本族文化和目的语文化的态度转变。无论对于研究者还是普通外语学习者而言,文化能力,即有关风俗、习惯、价值观、信仰和意义系统的知识,毋庸置疑地应该成为外语学习不可分割的一部分。

当前许多教师已经开始把文化教学作为一个教学目标融入语言课程中。在过去二十年中已经受到足够重视的交际能力,强调的是语境的作用,认为在不同情境中交际者应该得体地运用语言。语境中蕴含着文化规则,发生在具体语境中的交际行为受文化的限制,所以实现有效、得体的交际要求交际者既了解语言的语法知识,又能够解读语境中暗含的文化意义,两种能力相互补充形成交际能力。当然,我们早已对以行为主义模式为中心的语言学习方法进行了批判,在此模式下,语言学习就是句型模仿,语言就是用来表述事件的词和句子的简单组合。在过去二十年中,研究语言与社会的关系成为潮流,外语教学方法与手段、教学模式发生了很明显的转变。然而,仍然有一些与语言教学的本质有关的信念深植于人们心中,决定了外语课程的内容,这种信念潜移默化地削弱了语言课程中的文化教学,阻碍了学生跨文化交际能力的培养。把语言仅仅当作一种符号,只学习语法规则无疑是一种错误的观念。在某种程度上,如果只对与语言有关的社会动态给予关注,而不能对社会和文化的结构有深远的洞察力,也可能导致跨文化交际中的误解。所以,外语学习就是外国文化的学习,在外语课堂中应该教授文化,这是毫无疑问的。

值得重视的是,文化的含义是什么?怎样才能将文化融入语言教学中?笔者认为文化之于语言学习不是可有可无的技能,它附属于听、说、读、写的教学。从学习外语的第一天起,文化就一直存在,时刻准备着扰乱不设防的学习者,挑战他们认识周围世界的能力,使学习者们意识到他们辛苦学得的交际能力的局限性。外语教师逐渐意识到文化与语言不可分割的关系。缺乏了文化因

---

① 蒋晓萍,康兆春,罗赛群,等. 外语教学的跨文化诠释 [M]. 广州:广东人民出版社,2010:49.

素的外语教学是不准确的，也是不完整的。对于外语学习者，如果他们对于以目的语为母语的人们的生活习惯或是国家状况一无所知，那么语言学习是毫无意义的。学习目的语文化的重要性随着语言学习者与外国文化越来越频繁地接触而逐步凸显出来，因为他们在跨文化交流中碰到的最大障碍往往与语言的熟练程度无关。这种障碍就是母语文化的缺失，其直接后果就是语用失误。文化语用失误比单纯的语言错误更容易在跨文化交际过程中造成不良影响。如果说话者出现发音不准、用词不当、语法错误等语言问题，受话者一般都能谅解，甚至会对说话人敢于交谈的勇气表示钦佩。但对于说话者的语用失误，受话者就很难原谅。例如说话者口语流利、用词丰富、语法正确，但出现文化语用失误，他很可能被受话者认为是不礼貌、不友好。

由此可见，外语学习者在学习一门语言时不应忽视目的语文化。随着文化在语言习得中的重要性逐渐被肯定，语言教学研究者和语言教学工作者开始进一步探讨如何能够有效地在外语教学过程中渗透文化知识。外语教学的目的主要是培养学生把语言作为交际工具来掌握。寓语言教学于文化背景的目的之一是发现并排除干扰语言交际的因素。不同文化层次上的语用失误贯穿于日语学习和使用的每个阶段。因此，不同阶段的语言教学应与不同层次的文化教学有机地结合起来，从而建立一个相应的文化认知系统，以使学生日语水平得到全面提高。

语言是文化的符号，即"符号文化"；文化是以人为晶核的广义文化即"人化"；交际是符号系统、语用系统和文化系统的"信息转换"，外语教学是一种"交际"即"文化适应"。有关语言、文化、交际、跨文化交际的界定和描述告诉我们语言是"符号"，任何外语教学都必须明确要学会所学语言，就必须学习和认识语言符号系统所具有的形式与意义及其组合规律。语言又是"文化的符号"，完整的外语教学要考虑所学语言结构系统、语义系统和使用系统所包含的文化背景知识以及所学语言国的社会文化因素。交际是不同文化背景的人们进行的"信息转换"，因此必须符合"符号信息共同性""文化信息共享性""语用信息一致性"和"文化定型适应性"等要求；教学是"交际"，因此任何外语教学都必须把语言作为跨文化交际的工具来传授，也只有在跨文化交际中学习者才能真正学会使用所学外语。可见，外语教学就像一根针，把语言、文化、交际串在一起、编织在一起，是成功进行跨文化交际的重要途径。

第四节　跨文化交际视角下高校日语教学的意义和策略

一、跨文化交际视角下高校日语教学的意义

在高校日语专业教学中，跨文化交际内容的融入能够提升适应当前社会需求的日语专业人才培养水平，有效应对 21 世纪全球化背景下的国际化人才需求。因此，在日语教学过程中，要重视跨文化交际意识以及跨文化交际能力的培养，这样学生才能和不同文化背景、不同地域的人顺畅沟通，从而适应全球化趋势，提高服务国家的本领。[①]

（一）跨文化日语教学是当前中国社会经济发展的客观需求

毫无疑问，进入 21 世纪以来，伴随着中国社会各个层面改革的继续深化，经济的飞速发展，国际性的事务交流越来越频繁。中国的社会发展需要一支具备高素质跨文化交际能力的队伍来解决越来越多的国际性事务，以此来更好地增强国际交流与合作，使我们的跨文化交际得以顺畅进行。

当然，我们所需要的这种跨文化交际人才，不仅需要具备相当的语言沟通交流能力和优化知识结构组成的能力，同时，还必须是具备国际性的文化理念与思维，对于异域民族文化与传统、日常礼仪与交际原则等都有着一定的了解，也就是具备相当的跨文化交际能力。跨文化交际能力是一种双向的沟通交流能力，不仅要对目标交际对象的民族文化有着较为深入的理解与认识，同时，对于本民族的文化知识与传统，也必须有着一定程度的理解掌握，这样，才能够在跨文化交际过程中更好地实现双向的交流与互动。

在跨文化交际过程中，要想能够得体顺畅地同外国人进行交流，仅仅具备流利的语言表达能力与较为丰富的交际对象的语言词汇，这是根本不够的。若想保证跨文化交际的顺畅进行，必须还要对目标交际对象、历史文化习俗和价值观念等有着深入的理解与认识，这样，才能够很好地避免在交际过程中因为文化的差异性而产生的误会冲突。因此，为了能够培养出优秀的跨文化交际人才，使其在跨文化交际中具备强大的国际竞争力，以此来更好地跟上时代发展前进的步伐，更好地满足中国飞速发展的社会政治、经济、科技以及文化对于

[①] 陈丽.跨文化交际视角下大学日语的教学途径［J］.大连民族大学学报，2021，23（4）.

跨文化交际人才的需求。

基于此种国情发展现状，我们的大学日语教学应融入跨文化交际的相关内容，将跨文化交际教学提升到大学日语教学课程内容的一定高度。逐渐将大学日语教学传统教学方法的听、说、读、写能力训练转移到对于跨文化交际能力的全面人才培养重点上来，培养出适应时代发展需求、具备跨文化交际综合素质与能力的国际性人才，是大学日语教学改革应该关注的重点内容。

大学日语跨文化教学过程中，除了对目的语言民族的文化给予相当的重视的同时，还必须对不同民族之间存在的文化差异性给予足够的关注，在文化教学的过程中同时关注民族文化的差异性，从多个角度、多个层面来增强学生对于不同民族文化的理解与认识，从而更好地拓展学生们现有的知识结构层面，帮助大家在日语学习的过程中更为有效的培养起跨文化交际的能力与素养，为中国的国际化人才竞争培养打下坚实的基础。

（二）跨文化日语教学是促进大学生社会性发展的需求

任何一个人，都是社会的人，具备一定的社会属性，同社会的发展紧密相关，在社会中扮演着一定的角色。并且相应的承担其应有的社会责任。因此，在个体的人与作为集体的社会之间就形成了一种彼此相互联系、相互依赖、共同发展的关系。每一个人都生活在一定的社会当中，既然在社会中生存并且想谋得个人的发展，那么就得不断地去进行学习。而学习，则根本无法离开社会各个方面的支持。

基于此，教师就有责任也有义务在教学过程中引导着学生通过学习来不断地认识社会各个层面的真实情况，对于那些与学生们日常生活紧密相关的社会现象，都应该适当地引导着学生进行必要的理解与认识。这是对于学生人生经验与阅历的一种极为有效的丰富途径，对于发展学生们的自身认识能力、丰富他们的情感、知识以增强其自我分析能力及对他人、对社会的认知，都有着极大的促进作用。在此基础上，教师才能够更好地引导学生构建自己良好的行为习惯体系，从而培养起自我良好的社会道德体系、人生观与价值观。对于大学生来说，大学教学就是促成其社会性发展的有效的助推力之一。

对于当前的大学生们来说，他们面对的社会交往关系及现象更为纷繁复杂，多元化的社会交往，决定了交往方式的多样化与复杂化。那么，通过跨文化交际教学来培养学生们面对社会不同人群与不同的语言群体时应有的交际能力，培养大家在人与人交际合作时的正确态度与意识，从学校与社会各个层面来帮助大学生们提升自我的跨文化交际能力与素养，帮助他们更好地认识这个世界、跟上社会与时代发展的步伐，以及对于自我素质的发展，都有着很好的作用。

由此可见，我们倡导的大学日语跨文化教学同当前青少年培养的社会化目标是同步的，最终的目的就是帮助学生树立起正确的理想与信念。培养大家追求平等、尊重差异、相互合作的思想观念与意识。日语跨文化教学的目的，也是为了能够提高当代大学生的综合能力，将每一个学生潜在的能力与其自身所蕴含的聪明才智最大限度地挖掘并且发挥出来。无数的教学实例已经表明，在大学日语教学中实行跨文化交际教学，不是一个空泛的概念或者是仅限于理论层面的空谈。而且，社会与时代的发展，也为具有跨文化交际综合素养的人提供了越来越多的机会与平台，如国际性的交流与合作，越来越频繁。在大学日语教学中给予跨文化交际教学以更多的关注与重视，不断地从更深的层面来增强、培养学生们对于不同的民族文化的认同感、包容性，树立起他们面对异域民族文化时应有的包容意识与精神，懂得拥有不同文化背景的人与民族之间彼此相互尊重、平等交流合作，这也是大学生们面向未来发展的一项较为基本的社会生存能力。这是促进不同语言民族之间的文化交流与合作、发展，推动国际交流与合作的一项基本能力与素质，是当代大学生社会性发展的必备生存能力之一，是更好地适应时代与社会发展步伐的要求。

二、跨文化交际视角下高校日语教学的策略

（一）课程设置的改革要注重对学生人文素养的培养

当前日语教学的短板主要是缺乏对日本文化的教学。日本文化孕育了日语，是日语的基础，忽视日本文化，日语就会变成无源之水、无本之木。因此，学校应开设专门的日本文化教学课程，充分利用各种软件和硬件资源，安排专业教师进行课程设计，制定专门的课程大纲，规范对日本文化的教学。并聘请外教，结合实际情况，针对一些热门的文化现象进行讲解。同时注重对日本传统文化的教学，做到古今融合。另外还可采用对比的教学方式，鼓励学生将日本文化和中国文化进行对比，找出中日文化之间的共同点和不同点，构建中日文化之间的联系，加深对于日本文化的理解，丰富自己的日语知识，理解日本特有的文化现象。通过这样的专业课程，学校可以进一步加强对于学生人文素质的培养，提高学生的日语修养，帮助学生将日语应用到日常交流中。

（二）拓展语言交际环境，增强跨文化交流意识

为了提高学生的日语运用能力，学校应该提高对资源的利用效率，加强与校外资源的对接，通过校企合作、校校合作的方式，最大限度拓展语言交际环

境，为学生创造良好的沟通条件。教师可以鼓励学生运用电脑等通信方式，通过线上交流，增加日语的使用频率。学校还可以开设专门的语言应用课程，安排专门的外教进行教学，为学生创造沟通环境，纠正学生的发音，锻炼学生的沟通技能。学校还可以开展留学项目，与日本的高校进行合作，每年将学生外派到日本进行交流学习，帮助学生进行实地学习，有利于学生学习语音语调，培养良好的语感，了解日本文化，通过随时随地用日语进行交流，全面提高日语水平。

（三）丰富日语文化相关读物

日语经典阅读著作属于深入学习日语文化的主要方式，文化经典本身也是历经了长时间沉淀、磨砺之后的产物，目前仍然能够储存并流传，这也直接证明日语文化相关读物在学术性质、系统性、逻辑性等方面都非常优秀文化传播的价值较高。对此，想要更好地掌握日语文化，就必须落实系统化的文化传播方式，同时也需要突出原著的延伸性的作品传播教育，假设读者在文化传播原著的基础上进行文化传播，其会存在明显的本源丢失现象，在认知方面会出现不切实际、片面认知或者是偏差性认知的现象。对于文化传播教育而言，其重点仍然是以学生为主，在文化传播兴趣的培养方面也应当以学生作为主体进行深入、系统化传播教育。兴趣是最好的老师，同时也是习惯得以改变与坚持的关键。在缺少兴趣的基础上，习惯便很难持续。在学校教育中，教师需要鼓励学生形成良好的文化传播习惯，以积极正面的文化传播内容作为学生课外文化传播的主要读物，同时塑造一个良好的文化学习观念。在文化传播兴趣方面应当坚持，在平常教育中教师需要做好正确的引导教育，同时在文化传播方式方法方面做好正确的引导与推动，更好地形成良性循环，实现持久性、深入性的文化传播，提高文化传播整体效益，促进学生跨文化交际能力的培养。[1]

---

[1] 李明慧. 日语教学中跨文化交际能力培养策略研究 [J]. 吉林省教育学院学报, 2020, 36 (5).

第四章 跨文化交际视角下的高校日语文化教学策略

一种语言是其文化的载体,而其文化又是那种语言的内涵,二者共生共存,难以分割。因此,在日语教学过程中,应该把语言的教学和跨文化交际有效结合,教师要从跨文化交际的视角来探讨各种教学方法,培养学生的跨文化意识,使其吸收跨文化知识,提高其跨文化交际的能力,提升其跨文化的敏感度,为社会培养出具有高水平的跨文化交际复合型人才。本章主要论述了文化教学法概述、文化与外语教学的关系、日语语言文化的特征、日语课堂中文化导入的必要性和方法探究、文化教学法在高校日语教学中的应用策略等内容。

第一节 文化教学法概述

一、文化教学的内涵

文化教学致力于传授人们交际或与日语教学有关的文化知识,也就是研究两种社会文化的相同和不同之处,使学生对文化差异有较高层次的敏感性,并把它用于交际中,从而达到成功交际的目的。文化意识和跨文化交际能力的培养需要教师的帮助和引导,需要在日语课堂教学过程中,把文化教学融于语言教学的长期努力。传统意义上的文化教学是教授目的语国家的历史、地理、国家机构、文学艺术以及影响理解文学作品的背景知识。

文化教学不仅讲授不同国家的文化现象或者传授给学生一些文化知识,还培养他们的跨文化交际能力。如果学生只是死记硬背一些文化事实,往往会造成其在跨文化交际过程中因循守旧、不擅长变通,因为文化不是一成不变的。只有真正掌握跨文化交际的原理和技巧,才能以不变应万变,达到得心应手地进行跨文化交际的目的。这才是文化教学的真正内涵。

二、文化教学的原则

鉴于文化概念的复杂性和文化内容的广泛性，语言教学中添加文化教学内容或者渗透文化知识应该遵循一定的教学原则。确立文化教学的原则是为了有计划、有目的、有层次地将语言和非语言所负载的文化内容纳入日语教学之中，将传授语言与介绍文化在同一个层面上展开，以达成语言学得和习得与文化学得和习得的一致性，从而帮助学生有效地克服因文化差异而产生的交际障碍。

（一）相关性和实用性原则

语言学界普遍认为，文化内容涉及社会生活的各个层面，但是在实际日语教学中受各种客观教学条件的限制而不能面面俱到，因此，在实际的日语教学中应遵循相关性和实用性原则，重点传授与学生所学内容相关、与日常交际所涉及的主要方面相关，以及与跨文化交际相关的文化内容。此外，相关的教学内容要具有代表性，应能体现目的语国家中具有代表意义的主流文化。

文化内容是纷繁复杂的，在日语教学中应该遵循适度原则和主流原则。尽管这种提法与大家的说法不一致，但从本质上讲，相关性原则和适度原则是相通的，实用性原则和主流原则是相通的。为了保持一致，我们将其统一成相关性和实用性原则。文化教学应做到"既要从文化的角度学习语言，又要从语言的角度学习文化"。[①]

（二）层进性原则

日语文化教学具有阶段性、层次性，在教学中应该遵循层进性原则。这就意味着，教师在日语文化教学中应根据学生的语言水平、接受能力、领悟能力等确定文化教学的内容，由浅入深、由简单到复杂、由具体到抽象、由现象到本质地进行文化教学。

日语教学应考虑以下三个层次：语言的结构层次、语言结构的文化层次、语言的语用文化层次。并指出文化导入的这三个层次是不可分割的有机体，只是在实践中各有侧重，在不同阶段应该导入不同层次的文化教学，循序渐进地进行。

---

① 罗俊，李树枝，侯丽梅. 基于高效课堂视角下的英语教学研究［M］. 青岛：中国海洋大学出版社，2018：97.

文化教学存在两个层次，即文化知识层和文化理解层。文化知识层培养的是具有观光客型生存技能的语言学习者，而文化理解层培养的是具有参与者型跨文化交际能力的语言学习者。文化教学的定位应是以文化知识为起点，文化意识为桥梁，文化理解为最终目的。

文化教育具有"阶段性"，因而把文化教育划分为"文化知识层次的教学与文化理解层次的教学"。文化知识层的教学主要传授的是知识文化，不直接影响交际的背景知识。文化理解层的教学主要传授的是交际文化，即直接影响交际的背景知识和文化模式。

（三）多元互动原则

语言文化教学应采取多元互动原则。我国学者苏向丽在其论文《跨文化交际中多元互动的语言文化教学》中，根据多年来文化教学的经验对世界形势和趋势进行了分析，并在此基础上提出："为了适应时代的发展，与多元的社会和跨文化交际的语境相配合，语言文化教学应采取多元互动的原则。"[1]

（四）知识传授与实践相结合原则

知识传授与实践相结合原则要求教师除了向学生传授文化知识外，还要努力为学生创造机会，使他们能在真实或模拟的情境中运用所学知识，以加深他们对所学知识的理解，并培养他们运用所学知识的能力。将知识学习与实践相结合既符合知识学习的规律，又符合文化教学的要求。因为学习任何知识都需要经过选择、领会、习得和巩固这四个阶段，并以掌握为目的，以应用为结果。上述知识学习的四个阶段就是所谓的掌握，然而仅靠掌握是不够的。学生还应会运用所学的知识，不会运用就不是真正的掌握，因为真正的掌握在于依靠知识的力量去行动。[2]

（五）有序性原则

有序性原则具有两层含义：一是指文化教学内容的编排要体现文化知识本身的逻辑结构及其系统性；二是指文化教学的活动要结合文化知识本身的逻辑结构和学生的身心发展情况有次序、有步骤地展开，以确保学习者能够有效地掌握系统的文化知识，全面理解目的语文化。有序性原则既是文化知识本身系统性的要求，又是教学制约学生身心发展规律的反映。总之，要遵循有序性原

---

[1] 魏雪超. 文化融合思维与英语教学研究 [M]. 北京：中国商务出版社，2019：152.
[2] 张惠玲. 外语教学与文化 [M]. 北京：北京工业大学出版社，2018：70.

则应做到下面两点：

（1）在选择文化内容时，既要注意各个层次文化知识内部的系统性和序列性，又要注意各个层次文化内容之间的相关性。

（2）在编排文化导入的内容时，要根据学生的认知特点和思维发展规律，科学、合理地安排不同学习阶段文化导入的内容。日语文化教学的内容安排要从简单、具体的文化事件到概括性的文化主题，最后才应是对目的语社会的全面理解。相应地，日语文化教学目标的要求也应根据不同学习阶段学生的学习特点制订。换句话说，要从以感性体验、感性认识为主逐步向以理性认识和理解为主过渡。[①]

第二节 文化与外语教学的关系

一、文化和思维

语言对人的主要影响涉及他的思维力量，涉及他在思维过程中进行创造的力量，因此，在更深刻的意义上说，语言的作用是内在的和构建性的。思维不仅仅依赖于普遍意义上的人类语言，而且在一定程度上也为每一具体的语言所限定。语言相对性指的是语言影响人类思考的程度。人类并不是孤立地生活在客观世界，也不是孤立地生活在一般所理解的社会行为的世界，而是很大程度上由特定的语言所处置的。语言成为表述其社会的媒介。设想语言仅是一种附带的解决交际或者思考特定问题的方法，一个人基本不需要使用语言而适应现实，这只是一种错觉。事实上是"真实的世界"在很大程度上是无意识地建立在群体的语言习惯上的，不同的文化所生活的世界是不同的世界，而不仅仅是一个贴上了不同标签的同一个世界。我们看、听、所经历的就如同所做的一样，因为我们群体的语言习惯上预先设置了一定的阐释选择。语言不仅仅是表达手段，而且更主要的是认知手段；语言不仅是表述已知真理的手段，而且在更大程度上是揭示未知真理的手段；语言主要不是供人达到相互理解目的的媒介，而是一个民族进行思维和感知的工具；语言的差异不是声音和符号的差异，而是世界观本身的差异。

文化体系具体表现在人们所使用的语言中，这个文化框架塑造了语言使用

---

① 蒋丽霞. 文化视域下的高校英语教学研究［M］. 北京：北京工业大学出版社，2021：37.

者的思维。语言相对论暗示，说不同语言的个体将用不同的方式思考同一个世界。语言相对性假设表明语言、思维、文化的紧密联系，语言作为文化的一部分，通过思维和感觉影响着人类的行为，于是将文化与人类行为联系起来。

语言具有社会性，其发展受到地域和传统文化规范的影响。语言通过一个民族的思维——感觉方式而获得一定的色彩和个性，事实上，这种思维——感觉方式从一开始就影响着语言。世界上各种语言与文字在发音和书写形状方面千差万别，在逻辑推理方式上也截然不同。语言的推理方式就是思维方式的具体表现，思维方式是沟通文化与语言的桥梁。一方面，思维方式与文化密切相关，思维方式的差异，正是造成文化差异的一个重要原因；另一方面，思维方式又与语言密切相关，语言是思维的主要工具，是思维方式的构成要素。思维以一定的方式体现出来，表现于某种语言形式之中，思维方式的差异，正是造成语言差异的一个重要原因。语言的使用体现思维的选择和创造。翻译的过程，不仅是语言形式的转换，而且是思维方式的变换。

不同国家的思维方式的差异有：伦理型与认知型、整体性与分析性、意向性与对象性、直觉性与逻辑性、意象性与实证性、模糊性与精确性、求同性与求异性、内向性与外向性、归纳型与演绎型。语言的推理方式从语言的行文脉络中就可以看出来，语言学习者在逻辑层面和篇章结构上存在差异，比如来自具有中华文化背景的学习者写作时常常采用迂回的手法。文章的篇章结构也受到不同语言文化因素的影响。不同的语言文化理解，导致了交流方式的不同，也造成外语写作中的障碍。

二、文化和交际

语言交际与文化紧密相连。文化在语言交际中具有重要意义，因为除非我们充分了解使用语言的文化背景，否则我们不能真正获取语言中的信息。文化无法离开人类的参与，人类的参与就要有交际。无论是言语还是非言语，交际与文化都相互作用，这种交互作用使得交际富含文化。文化是交际的基础，在我们的文化中我们学会如何交际，也正是我们的文化教会我们交际什么。交际亦影响文化的结构，交际反映并传播文化，文化告诉我们应该如何说和做，并在我们的交际模式中得到展现。文化和交际前后串联，不可分开：常常很难断定谁是声音、谁是回音。跨文化交际指来自不同国家文化的人之间的交际，很多学者将其限定为面对面的交际。当大量的和重大的文化差异导致不同的理解，并产生期望如何去更好交际时，跨文化交际就出现了。也可以说具有不同文化背景的人从事交际的过程就是跨文化交际。

在跨文化交际中，文化差异会导致实际交际模式 5W（交谈什么、和谁交谈、在什么时间、用什么方式、交谈的地点）方面的重大差异。文化和交际这种不可分割的关系意味着在跨文化交际中，真正具有重要意义的是文化差异，尤其是那些属于深层结构的价值观，它们在交际过程中影响着交际的进行。

价值观决定着人们交际的方式，人们的语言交际、非语言交际、人际关系都受到价值观的支配，人们交际的方式受到他们价值观的支配。正如交际是价值观的媒介，交际被我们的价值体系所塑造，因为价值观决定着什么是值得做的，什么是不值得做的，价值观规定着人们选择在交际过程中行为的方式。我们的价值观，影响着我们交际渠道的选择。

中国人交际时十分注重谦虚，在交谈和处理人际关系时考虑和谐，中国人信奉"多思、少说、厚积、沉默是金"，言谈举止中比较委婉含蓄。反映在课堂上，会出现有的学生安安静静地坐着不吭声的情况，即使学生知道问题的答案也不会主动回答。

价值观影响着我们在社会中的行为，价值观并不描述我们如何在一种文化中活动，但却指导我们应该做什么、不应该做什么。价值观成为我们做出所有决策的基础，并为我们提供标准去评价我们自己和其他人的行为。价值观是人类行为的引导力量，我们所持的价值观与我们交际的方式紧密相连，而交际也反映着价值观。我们做什么或者说什么，一方面反映着我们个人的动机，一方面又受到语境的限制，我们大多数的语言和行为，反映出那些深深嵌入我们头脑中以及我们在社会化的过程中习得的价值观。价值观一般都是通过言语和非言语的行为表述的，口头表述被用来凸显个体或群体特定价值观的重要性，在非言语方面，我们在交际时倾向于通过社会礼节来展示价值观。

人们可以通过言谈中所涉及的内容观察一个人的价值观，也可以通过交际方式和言谈举止观察其价值观。一名外教曾经指出中国学生开口闭口都会引用名人名言，在写作文时更是如此，似乎名人名言就能佐证其观点。即使那个"名人"外国人根本没听说过，或者"名人"所说的名言跟学生所讲、所写的内容完全不相关，学生还是乐此不疲地引用，这背后反映出中国学生比较遵从权威的文化性。[1]

三、文化和外语教学

在第一语言习得中，文化的习得和语用规则的习得是与语言习得平行发展的，即生活在母语环境中的人在习得母语的同时也习得本民族的文化。语言的

---

[1] 赵红卫. 大学英语教学模式与跨文化翻译研究［M］. 延吉：延边大学出版社，2022：48-56.

交际功能和传承文化的功能很自然地融合在一起,让人几乎觉察不到这两者之间的关系。但在第二语言的习得中,往往忽视了文化因素,即在学习外语的过程中,语言的这两种功能的差别就显现出来。儿童在习得母语的同时也习得了母语文化,外语学习者在学习外语的同时也需要学习目的语文化。正因为语言、文化、交际的密不可分,故在外语教学中一直都在进行着文化教学,语言并不只是一些语言形式或者语言规则的排列组合,学习和使用外语的过程其实就是一个跨文化交际的过程,文化就是影响跨文化交际的重要因素。与外国人交往的能力不仅取决于外语技能,还取决于对目的语文化习俗的理解,而且跨文化理解是在现代国际社会中教育的目的之一,因此,有必要在外语教学中进行文化教学。

文化教学对语言教学至关重要,它可以使语言学习者在语言学习过程中理解和接受异域文化,达到良好的跨文化交际的效果。在国内外的语言教学界,达成的共识就是文化教学是语言教学不可或缺的一部分,语言教学就是文化教学,文化教学中的文化包括民族的历史、传统、宗教、价值观、世界观、风俗习惯、社会组织、社会制度等。需要指出的是,并不是说一个人没有外国文化的知识就不能够进行交际,交际可以随时发生,甚至没有学过目的语的人也可以进行交际,例如通过翻译、手语、别人的帮助来沟通。但是世界上并不存在完美的翻译,不同语言在不同文化背景中产生,不可能完全一一对应。也许有物质名字可以对应,但感情因素、信仰因素,就不能完全对应上,甚至不能翻译,所以有效的交际就十分困难。仅仅具备语言结构方面的知识不能够洞察目的语文化的政治、社会、宗教或经济等,只能从单一的角度来感知、理解、形成和表达思想,这种单一视角会导致狭隘的自满和自满的狭隘。

大学外语教学中的文化教学应该致力于培养大学生的文化敏感性和应对文化多样性的能力,以提高全民族的文化素质。针对我国大学外语的教学对象——非外语专业的大学生来说,学习目的语的过程一定会伴随着学习目的语文化的过程,这是学生开阔视野,建立文化身份,培养批判性思维方式,学习包容和审视目的语文化和母语文化的过程,而且目前理想的学习目的语文化的场所就是通过外语课堂,所以,必须在关注语言教学之外系统地进行文化教学。

第三节 日语语言文化的特征

一、暧昧性

日语语言文化的显著特点之一就是依赖他人，即把"他人"的想法或观念作为决定自己行为的基准。这种特点反映在人们的交际方式上就是，讲话者在十分注意听话者的前提下，尽量讲得很少或什么都不讲，周围的人们通过推测和经验体察到讲话者想什么或讲话的真正含义，在无言和暧昧的语言表达中达到交流。这种交际方式被日本人称为"以心传心"（心领神会）。为了正确理解这一交际方式，语言学家提出了一种模式，即"谦逊·体察交际模型"。根据这一模式，讲话者在没有发出交际信号阶段一定要考虑听话者的各种条件，首先要注意变换自己的脸部表情、手势及上下文的逻辑性等非语言信号，其次进入谦逊的过滤装置，最后才向对方发出语言。作为听话者一定要凭自己的体察能力补充讲话者减量化的语言内容，理解对方的完整含义。这一点是日语语言文化及人际交往的最重要的特点之一。

日本的传统文化是"体察"文化，是尽量减少语言交流的文化，是根据对方的心理来确定自己行为标准的文化。即使是坚持自己的主张，如何能够从对方的想法出发，在理解对方的基础上委婉地说服对方才是最好的解决问题的方式。"您的话很有道理，但……""您的想法很实际，然而……"日本人喜欢上述讲话方式，多数人喜欢以上述方式开始讲话。他们十分注意尊重对方，不伤害对方，不要让对方讨厌或憎恨自己，对对方的请求或要求等轻易不要拒绝，这是日本人坚守的信条。教师批评学生或公布考试、作业成绩时，都特别讲究方式，绝不伤害学生的自尊心和感情。因此，在日语里一般避免使用过于直率、过于肯定的讲话方式。尽管近年来，直率讲话的人在逐渐增多，但对于一般日本人来说委婉的语言表达是成功的语言交际所不可缺少的。

日语语言文化的暧昧性特点不仅表现在口语体上，在文章体上也有所体现。日本著名的文学家谷崎润一郎的名文《阴影礼赞》就是阐述这一理论的成功之作。此外，他还在名著《文章读本》中具体论述了自己的观点。他在书中指出："我这本书从头至尾几乎都在阐述含蓄一词，'含蓄'的意思就是避免冗长和啰唆。"按照他的解释，所谓名文就是避免采用过于明了的解释和说明，在字里行间应该给人留有一定回味的余地，让读者欣赏暧昧表达中蕴藏的美的韵味。近年来，日语中的外来语明显增多，甚至可以说达到了泛滥的程度。追究其泛滥的原因，除去日本人喜欢舶来品追求新奇之外，新语言的暧昧性可以唤起一种无法说明的美的感觉也是其理由之一。

二、吸收性

纵观日本文化发展的历史，我们不难看出，古代从中国那里学到了汉字、汉文、佛教、建筑、艺术等中国文化，明治维新以后，在继承传统文化的同时，积极吸收西洋文明，可以说日本文化是多种文化交融的产物，具有明显的多层性。日语作为日本文化的重要内容，其多层性表现得也很突出。在吸收外来语的同时，也把各国的先进文化吸收到日本，并将其"本土化"，日语在各种先进文化的滋养下不断丰富发展壮大。这些多层性主要表现在日语的表记、汉字的读音和词汇的分类等方面。

三、创造性

日本一直喜欢将国外事物和本国事物融合在一起，创造出带有日本特点的事物。日语在吸收外来语时，并不是原封不动地照搬，而是在此基础上有所创造。大约在公元2世纪，中国的汉字开始传入日本，这对只有"声音"而没有"文字"的日语来说，无疑是一件天大的好事。当日本人意识到汉字的巨大作用时，视汉字为"至宝"，将汉字大量引入的日语中，当条件成熟时将汉语加以"改造"，大胆地将汉语意思加以引申。如：用汉字楷书的偏旁部首创造出"片假名"；用汉字的草书笔画创造出"平假名"；借用汉字的字形创造出"国字"；用汉字的繁简特点创造出"略字"。除此以外，日本人还从汉语中借用了数以万计的汉字和词汇，被借用过去的汉字绝大多数保留了原有的意义或者与原意稍有差别，但是也有许多汉字已经完全"旧化"，失去了现代汉语原有的含义。日本人能够以借其形而望其意的方式，十分巧妙地将外来文字进行地道的日化。

同样，日本在从欧美语言中吸收大量词汇的同时，也不断整合出新的词汇。"和制英语"就是一个很好的例子。"和制英语"是日本人以英语词汇为素材创造出的日式的英语词汇，这些词汇表面上看来源于英语，但在英语中却找不到。可以看出，日本人具有极强的创造能力，吸收外来语的目的不仅仅是丰富自己的语言，更重要的是创造出自己的新语言。

四、年龄差别性

崇外心理和外来语的不断涌入使日本年轻人在会话中经常使用外来语。汉字就好像是苦口良药,而用片假名书写的外来语就好像是被甘甜可口的糖衣包裹的毒药。用假名书写的语言简单易读,而实际上能够正确理解其意思的人却很少,这成为人们交流的巨大障碍。老年人比较喜欢汉字,而年轻人从来不拒绝外来语,甚至更喜欢外来语。年轻人大胆地使用外来语,用日语假名拼出英语单词,几乎将所知道的日语全用英语说出,没学过英文的老年人根本听不懂。日语假名中有些英语中不存在的音节,一些词语形成了极不标准的英语发音,变成连英国人都听不懂无法理解的日式语音。

日本大部分的老年人对新鲜的外来语了解较少,年轻人则经常使用新出现的外来语,造成了两代人用语的差别。这种差别因为两代人的生活习惯和兴趣爱好不同而产生,是日语语言文化中一道独特的"风景"。

五、"内""外"的距离性

无论在任何社会生存,与周围人们的人际关系是至关重要的。这一点在日本社会尤为重要,这种人际关系不仅表现在为人处世的表达方式上,而且在其外在化表现的语言使用上也有十分严格的要求。由于讲话人和听话人的关系、年龄、性别、职务、场合、话题的不同,所使用的语言表达也不尽相同。几乎所有的日本公司、机关和企业对新员工上岗前的严格语言培训就是典型的例子。日本人喜欢"自己"深入"对方"的心理去理解对方,在对方尚未发话之前尽量感知对方的意图,同时按照周围的情况来采取临时应变的办法,使自己具有调整交际的"柔软结构"。

要认识和理解日本人这种复杂而微妙的讲话方式,必须对日本人所具有的"内""外"距离感的语言意识有一个深刻的了解。世界无论任何国家或民族都具有把自己与周围区分开来、划分远近的本能。然而却很少有像日本人那样根据内外之别来变换语言表达并使之成为待人接物的重要内容的。[①]

日本人的"内"的意识是与"我"的存在作为核心的意识密切相关的。也就是观察问题的基点是自身的存在。按照日本著名语言学家山下秀雄的解释,"在以自我为中心的命运共同体中,有几层重叠的同心圆。如果把中心的

---

① 高淑娟. 探究语言文化特征 提升日语教学质量——评《日语语言学理论研究与日本文化探析》[J]. 山西财经大学学报, 2021(5).

'自我'用深红色表示,那么,越往外颜色越淡,在最外侧淡红色的边上用一条很清晰的粗线划分开来。在区分'内''外'的线的里侧没有规定的间隔,只是浓淡的差异"。

在日语里关于"内""外"表达方式的典型体现就是敬语。在一般的语言学著作和教材中,敬语主要指年龄小的或职位低的人对长辈或地位高的人讲话时使用的尊敬讲法,但是在现代日本社会特别是年轻人阶层这种意识十分淡薄。现在的敬语首先是"亲近感"的"晴雨表"。关系越亲近越很少使用敬语。也就是在把他人接纳为自己伙伴的过程中,其语言的使用方式也随之改变。

第四节　日语课堂中文化导入的必要性和方法探究

一、日语课堂中文化导入的必要性

语言不仅是人类交流的工具,同时也是文化的载体。一个国家的语言必然会反映这个国家、这个民族的文化特征、思维方式。它们之间的关系是密不可分的,不了解目的语的文化,就不可能真正理解和运用外语。在全球化的今天,各国之间的交往日益频繁,各种文化之间的碰撞也日益增多。单纯掌握一门外语而不了解其背后深厚的文化底蕴并不能有效地帮助人们跨越文化鸿沟,实现成功的交流。因此,在日语教学中渗透文化教育是非常必要的。

(一) 语言和文化的关系决定需要文化导入

文化语言学研究表明,语言中储存了一个民族所有的社会生活经验,反映了该民族的全部特征。学生在习得一种民族语言的同时也是在习得该民族的文化。外语教学的任务是培养在具有不同文化背景的人们之间进行交际的人才。同时,语言和文化紧密相连、不可分割。语言是一种符号,是文化的载体,又是文化的重要组成部分。文化是语言赖以生存的环境,文化在一定程度上也限定并塑造了特定的言语表达方式。总之,语言就好比树木,文化就好比森林,不了解语言生存的环境就好比只见树木不见森林。语言基本上是一种文化和社会的产品,因此,它必须从文化和社会的角度去理解。然而,传统的外语教学更注重语言知识的管束和积累,而忽视语言所处的文化,从而出现了日语语言能力强的人的跨文化语用能力不一定强的现象。采取只知其语言不懂其文化的教法是培养"流利大傻瓜"的最好办法。因此，在日语教学中适当渗透一些文化知识，开展一些文化对比的讨论，有助于学生更深刻地理解语言，增强其对文化差异的敏感性，进而提高其跨文化交际能力。由于语言和文化相互依存和影响，因此，在进行日语教学的同时有必要导入与日语语言有关的文化内容。

（二）文化导入是日语课程教学的基本要求

日语的教学目标是培养学生的日语综合应用能力，增强其自主学习的能力，提高综合文化素养，以适应我国经济发展和国际交流的需要。然而，不论是作为语言学的基础理论，还是作为指导语言学习的各种教学法，无一例外的都是指向同一目标即语言自身的规则。从索绪尔结构主义语言学的二项分析，到乔姆斯基的转换生成法，从传统的语法翻译法、静默法到直接教学法等，都未给我们外语教学实践指出语言是一种交际工具。也正是在这样的理论指导下，在传统的日语教学中，我们总是对学生进行一种"纯语言能力"的培养，要求他们在"听、说、读、写、译"等方面造出合乎语法规则的句子、篇章，凭借一种含有投机成分的应试技巧顺利地取得各种等级证书。"强调了对语言表层结构即应试要求语言点的分析，而放弃了对语言深层结构即社会文化背景的讲析。"因此，为了培养学生的交际能力，日语教学必须在进行语言知识教学的同时，进行文化导入，从而避免因文化差异而引起的语用失误。

（三）国内外客观形势和大学生文化习得现状的影响需要文化导入

国内外客观形势和大学生文化习得现状也决定了在日语教学进行文化导入的迫切性。随着全球经济一体化进程的加快，跨国界、跨文化的交流日益增多，造成了对既懂专业又通晓日语并能进行跨文化交际的优秀人才的巨大需求。为了适应社会发展的需要，为了保证国际交流的准确和有效，日语教学也必须在传授语言知识的同时，传授文化知识，帮助学生了解日语国家的人文地理、历史传说、风俗习惯、价值取向和社会观念等。通过熟悉有关的文化背景知识，不仅可以激发学生学习日语的兴趣，满足他们语言学习的要求，而且随着文化知识的积累，学生对语言本身的理解也会更加透彻，反过来又会促进他们日语水平的相应提高，真正达到培养学生能够运用日语准确、顺利地进行交流的教学目标。而非日语专业培养出来的学生在未来的工作岗位上将会有更多的机会参与跨国界、跨文化的交流。但由于应试教育的影响、文化输入的缺失及母语文化的干扰，目前大学生的跨文化习得状况不容乐观。这种供需之间的矛盾也说明，在日语教学中进行文化导入是必要且迫切的。①

总之，日本特殊的地理位置与地形、四季分明且温和的气候条件养育了日本民族，造就了日本人热爱、亲和及崇尚大自然的基本性格、思想观念和审美情趣，成为孕育日本文化的重要基础。从外来文化的引进方式来说，日本属"积极摄取型"。明治政府提出文明开化的政策，在积极引进欧美文化的同时，改造儒教、神道和佛教，努力使欧美文化同"三教"融合，形成了日本特有的近代文化。另外，在对外来文化的吸收过程中，"逐步地建立一个冲突、并存、融合的文化模式"，使得日本人判断事物一般都要采取相对、折中的态度，进而形成了以"和"为基础的民族意识，而且这种意识贯穿和影响着日本人的一切文化、思想、心理以及生活等各个领域，同样也表现在语言观念和语言结构上。由此可见，中日两国的社会文化有相同之处，但在多方面存在着很大差异。因此，在日语教学中有必要导入文化阐释，使学生在了解日本文化的基础上学习日语，定会收到事半功倍的教学效果。②

二、日语课堂中文化导入的方法

为了进行顺畅的交流，日语学习者不仅要掌握说语法正确的语句的能力，还需要具备在不同的社会情境中选择恰当的语言进行语言行动的社会文化能力，因此，日语课堂需要教师掌握不同的教学法进行相应的文化导入。我们在日语教学实践中总结出几种行之有效的教学法。

（一）比较法

教师可以通过比较中文和日语语言中的文化内涵来帮助学生更好地理解日语。通过比较词汇的文化内涵和语言运用的文化背景，可以帮助日语学习者找到不同文化之间的异同点。比较法可以说是寻找文化干扰因素的最好方法。具体来说，可以采用说明比较、道具比较、事例比较。说明比较是通过解说、说明来分析语言文化的不同点；道具比较是通过工具，比如卡片、图、表来进行比较；事例比较，是通过事件和经历进行比较。另外，日语中的文化不仅可以同中文的语言文化进行比较，还可以和日本文化进行比较。总之，只要有助于日语学习者更好地理解日本文化，日语教师可以和任何文化进行比较。③

---

① 唐旻丽，崔国东，盛园. 跨文化视角下的英语教学理论与方法探究［M］. 长春：吉林人民出版社，2021：35-37.
② 史小兰. 英语语言文学与文化理论研究［M］. 西安：西北工业大学出版社，2020：135-137.
③ 李冰清. 高校日语教学中的文化导入［J］. 现代职业教育，2022（6）.

（二） 直接导入法

所谓直接导入法是指教师在语言教学中直接向学生介绍语言的文化背景知识。它是一种最简单易行的文化教学法。在中国，课堂是学生学习日语的主要场所，离开课堂，学生就很少有机会接触到使用日语的环境，因而当遇到与课文相关的文化背景知识时，学生总会感到十分陌生，难以理解。

所以，教师在教学中应尽可能地发挥自身主导作用，直接向学生介绍相关的文化背景知识。为此，教师在备课时可以精心选择一些与教学相关的、典型的文化信息材料，将它们恰到好处地运用到课堂上，这样不仅能增强教学的知识性、趣味性，还可以加深学习内容的广度和深度，同时可以激发学生的求知欲，活跃课堂氛围，使课堂氛围利于日语教学的展开。

（三） 词汇渗透文化法

词汇是日语学习的基础，一般的观点认为，词汇的学习只需牢记即可，但是对于大多数日语学生来说，特别是那些日语基础较差的学生，词汇记忆并非易事。作为日语教师，在进行词汇教学时，除了教授学生根据一些规则来记忆，如联想记忆等之外，还可以适当地引入词汇的文化意义，激发学生的学习兴趣，使学生在欣赏文化的同时就能在不知不觉中对该词有较深的印象和理解。此外，一些日语中常用的短语、俗语也是日语学习重要的一方面，这些俗语往往负载了大量的文化知识，有些体现了很大的文化差异，如果没有相关的文化背景知识，就很难理解记忆，更不能正确地运用。因此，在日语词汇教学中引入文化有助于帮助学生打下良好的日语基础，以便进行深层次的学习。

（四） 文化旁白法

文化旁白是注解法的一种较为方便的形式，是传授社会文化知识的方法之一，也是课堂上教师最为常用的方法。它是指在进行语言教学时，就所读的材料或所听的内容中有关的文化背景知识，教师见缝插针地进行一些简单的介绍和讨论。

在一般情况下，教材所选的文章都有特定的文化背景，有的是作者背景，有的是内容背景，有的是时代背景。同时，课文内容往往也涉及该国家的政治、经济、文化、宗教、建筑、地理、工业、农业等诸多内容，并且此类文章的信息量大，能生动地再现两国文化的差异，可读性强。

鉴于此，教师在备课和上课时要注意文化知识的渗透，使日语课不仅仅是单纯的语言交流，还可以提高学生在教育观、文学修养、价值观、社会生活和风俗习惯等方面的跨文化意识,从而大大提高学生的语言综合运用能力。对学生来说,文化上的差异通常是其理解目标语的较大障碍,而采用这一方法可以有效地清除部分语言认知障碍。

在这一教学方法中,教师可以充当讲解员,也可以运用图片、实物教具或者多媒体课件等手段进行讲解。其目的都是帮助学生更好地理解所读或所听的内容,又有助于丰富学生的感性认识,促进理解。这一教学方法的好处是机动灵活,用途最广,使用时间最长,缺点是任由教师掌握,随机性很大,且需要教师有较高的驾驭语言与文化的能力和一定的教学技能与艺术。①

(五) 学习和鉴赏外国文学作品

这一方法是指学生在教师的指导下,对文学作品进行多角度的剖析,了解人物的情感,了解不同文化背景人物间的交流和文化冲突。

在中国现阶段的日语教学中,大多数学生了解日本文化主要还是依靠间接阅读相关材料,如小说、报纸、杂志等。但是,很多学生在阅读文学作品的时候,仅仅为了追求情节或者为了扩大词汇量,而并没有注意文学作品中所反映的文化方面的细节,比如风俗习惯、文化差异等。因此,教师应该正确指导学生阅读文学作品,引导学生在阅读的过程中注意和积累相关文化背景知识,并适当对这些文化开展分析、对比,从而有效增加学生的文化背景知识。

(六) 利用日本电影提高跨文化意识

电影是文化的载体,是一个国家和民族文化最直接、最生动的体现。一部好的日文电影不仅能够激发日语学习者的学习兴趣,还可以提供给他们一个真实的语言环境,了解日语国家的生活方式、社会文化习俗和礼仪、思维方式、人文精神和价值观。接触和了解日语国家的文化内涵有益于学生更好地学习和使用日语,也有益于帮助学生树立正确的人生观和价值观,培养学生用欣赏和包容的态度对待不同文化,使学生的跨文化交际能力不断提高,实现日语教学的最终目标,同时,电影中的经典台词和故事情节也会使学生感悟出人生真谛,这些都是素质教育的精华,实现在课堂上进行人文教育的目标。但在实际教学中要想真正实现其作用也要遵循以下教学技巧。

1. 合理利用有限课时

日文电影时长平均约两个小时,所以在课时有限、考试压力的课堂教学中很难完整播放整部电影,所以教师要合理利用有限课时。必修课堂教师要根据

---

① 魏雪超. 文化融合思维与英语教学研究 [M]. 北京:中国商务出版社,2019:157.

听讲课文内容和学生实际水平精选电影片段作为教学环节，这样可以活跃课堂气氛，使教学方法多样化，也使整个课堂有趣、有效。而第二课堂的电影赏析则要精心选择几部贴合大学生学习和生活的片子并完整播放讲解，这也对教师有更高的要求。而教师推荐的其他影片则应由学生组成小组，利用课下时间互相合作、共同完成学习某部电影的学习任务。

2. 精心选材合理使用

尽管日文电影对日语教学有很大促进作用，其内容丰富、种类繁多，是一种取之不尽、用之不竭的教学资源。但是，由于数量众多，质量良莠不齐，课堂教学课时有限，所以教师要针对不同层次的学生，根据课堂教学内容、学生的实际水平和兴趣爱好选择适合他们的影片。同时电影的内容要健康，对白、发音要清晰地道，语速要适中，选择日文字幕或无字幕，同时也要把影片复制给每位学生，以便课后学生重复观看学习。

3. 优化教学设计

课堂上播放日文电影片段与一般单纯的音频材料和老师的语言导入相比，给学生提供了一定的场景和语境，将学生迅速带入课文主题，帮助学生思考，刺激学生求知欲，激发学生课堂讨论，使学生产生深入学习和进一步思考的兴趣。所以日文电影赏析作为多媒体教学的手段之一，已经越来越多地应用在大学日语的课堂教学中。但是很多教师在教学环节上的安排较随意，课前准备不够充分，课堂上没有设计相关活动，课后也没有跟踪评价，更有甚者把日文电影播放变成没有备课的替代品，这样教师就成了电影的放映员，其教学目的和效果很难达到。所以，电影教学和其他教学辅助手段一样，在教学过程中需要教师适当地利用和恰当地处理。教师要精心准备每一部影片，内容包括背景知识介绍、人物特点分析、经典对白、话题讨论等，随后也要组织相配套的比赛，如模仿、人物配音、角色扮演、创造性续写等。

此外，教师在选取影片进行文化教学导入时，一定要根据文章主题精选适合的影片。这种辅以主题和文化背景相对应的日文电影欣赏，向学生导入日本相应的文化背景知识，并对该主题进行系统、深入的介绍，不仅丰富了本单元的材料素材，而且对主题的文化背景更是一个直观、生动、形象的介绍，深化了学生对主题的理解，从而通过剖析影片中涉及的思想及各种人物，体会影片中日两国人民的情感世界、道德观和生活观，加深了学生对所选语言国家的感性认识。最重要的是将日语教学与文化教学融为一体，增强了学生学习日语的兴趣和能力，能让学生灵活掌握和使用本单元所学的语言知识，扩大视野，提高跨文化交际能力。

第五节 文化教学法在高校日语教学中的应用策略

一、开展日本文化讲座

如果利用课堂时间来讲解文化，由于时间有限，不可能介绍得很充分，所以我们在教学中可以单独开设讲座，邀请专家、教授全面介绍日本的人文、教育、经济、政治以及文化，给学生呈现出一个完整的日本形态。学生对这个国家有了兴趣，就会探究这个国家的哲学、文化、艺术、思想进程，从而借鉴先进的文化和理念。这也是外语学习的目的之一。

日语词性的形态变化对于学生来说，学习起来也是很头疼，如果用讲座的形式开展，再穿插一些文化讲解在里面，学生就不会感觉学习枯燥，反而能更加有兴趣听下去。在进行教学的时候，要学会系统地阐述动词的原形和动态形式，有命令式、假设式，学生可以对它们进行横向的比较和讲解。当学生掌握了这些词形用法以后，教师要进行相关句型的讲解，这样知识体系就会完整，既有横向的记忆，又有纵向的延伸，这样就可以让学生整合支离破碎的知识，对知识进行系统化总结。

二、开展文化参观

研究表明，直观地呈现一些图片、文字、影像或者真实的场景，才能够进一步吸引学生的注意力。老师可以在课前给学生布置一些课堂上涉及的文化场景，学生在课前对它们进行查阅，在上课的时候老师可以先带领学生观看这些图片，让学生根据自己掌握的材料向全班同学作相关介绍，这样课堂教学气氛就会活跃起来，有助于接下来进行语言知识的教学。

如果有条件可以带领学生进行短期的实地考察，让学生体验到百闻不如一见的情景，体会一下日本的京都文化、樱花文化、茶道文化，其实文化参观也是开展语言教学的有效途径之一。

三、开展文化讨论

我们可以就某个问题进行个体或者集体的集中讨论，讨论的目的是解答对某一个问题的认识，加深印象，培养学生的自主学习能力。

在日语泛读的读本中有这样一篇课文《1回の使用》，我们可以针对这个课题，开展讨论和探讨学习。首先讨论一下我们身边的一次性用品，这些用品怎么用日语进行表达，大家可以查阅字典或者请教老师和同学。然后讨论一次性用品的优点和缺点，我们如何对它们进行合理化使用，还有通过文章看看日本是如何处理这些问题的，有没有值得我们借鉴的地方。教师可以在这个过程中进行指导，这样才能取得好的成效。

四、开展文化欣赏

其实文化才是一个民族的精髓和智慧的结晶，我们要理解日本的文化，才能学好日语。教师可以选定一个学生喜欢的主题，组织学生以演讲的形式来开展论述。比如中秋、端午文化的异同，在这个过程中学生会主动进行深层次的文化探究和文化延伸，通过对比看到中日文化的差异。

五、培养跨文化交际能力

对学生进行跨文化交际能力的培养，首先教师就要具备跨文化交际的能力。因此，教师要先进行教学研究，通过客观深入的研究促进教学改革的发展。另外，开展文化教学，除了开设专门的文化课以外，还要在日常的语言教学中进行文化的渗透和延伸，包括五个方面的内容：在语言的交际中文化的承载，在非语言的交际中文化的承载，交际的习俗以及交际的礼仪，社会构成结构和良好的人际关系的形成、价值观念体系的建立。

具体说来，作为日语的语言学习者，不但要了解语言学习的规则，更要了解语言是文化的一个载体，通过语言可以有效地进行文化传承。和日本人打交道，就要熟知日语的表达习惯。很多年前，有日本专家提出日本人在言语表达习惯上的八个重要特点：言语谦和，不进行正面的冲突，表达含蓄、不一语道破；在日常交往中要根据内外、上下的关系、有无恩惠关系等，对敬语和简语有不同的表达方式；先进行理由说明，再提出观点；做事彬彬有礼，关心的话语较多；说话省略语比较多，做到不详不尽；双方在某些意见上发生冲突的时候，只是一次阐述自己的意见，双方都会有让步，或者耐心坚持自己的看法，但感觉多谈无益，就不再过多地解释。在交际的过程中，不但要注重语言的因素，更要注重表情、行为、眼神等一系列的非语言因素，这也是交际能否进行的一个关键性因素。

此外，在和日本人进行沟通的过程中，要考虑日本的文化特征，了解日本人的一些日常行为习惯。通常情况下，话语者很容易受到自身的文化影响，在交际的时候用本民族的文化心理以及行为规范来对异族文化进行评判，这样可能就会产生一些误会，还会导致交流不便。日本文化的特征主要有：日本耻辱性文化、很强的集团意识、海岛文化、娇宠意识、信奉强者的文化传统。开设专门的文化课可以对此进行系统梳理和介绍，有助于加深学生对日本文化的理解，增长学生的知识，进而提高学生的交际能力。

第五章　跨文化交际视角下的高校日语情境教学策略

日语教学能够有效提升学生的日语交流水平，并为他们日后的工作学习奠定基础，把情境教学法应用到日语教学中，能够有效提升教学质量，本章主要分析了情境教学法在日语教学中的应用。

第一节　情境教学法概述

一、情境教学法的理论基础

（一）建构主义理论

建构主义是认知心理学派的一个重要分支，建构主义理论有两位重要的先驱者，他们是瑞士学者皮亚杰与苏联心理学家维果斯基。

1. 知识观

（1）知识是相对的而非绝对的，知识在各种情境下的运用并不是简单地套用。因为知识只不过是人们对客观世界的一种解释、假设或假说，它并不是问题的最终答案，也必将随着人们认识程度的深入而不断地变革、升华和改写，出现新的解释和假设。又由于具体情境总有自己的特殊性，因此教学过程并不是简单的、教条式地背诵和记忆，而需要把握它在具体情境中的差异变化。从这个角度来说，教学并不是知识的传递，而是知识的处理和转换。教师不能作为知识权威的象征强迫学生接受知识，而应重视学生自己对各种现象的理解，倾听他们的看法，思考他们这些想法的由来，并以此为据，引导学生丰富或调整自己的解释。

（2）知识不可能以实体的形式存在于个体之外，尽管语言赋予了知识一定的外在形式，并且获得了较为普遍的认同，但这并不意味着学生对这种知识有同样的理解。真正的理解只能是由学习者自身基于自己的经验背景而建构起来的，取决于特定情况下的学习活动过程。

2. 学习观

（1）学习并不是被动地接收信息刺激，而是主动地建构意义，是学生根据自己的经验背景，对外部信息进行主动地选择、加工和处理，从而获得自己的意义的过程。外部信息本身没有什么意义，意义是学习者通过新旧知识经验间反复的、双向的相互作用过程建构而成的。

（2）学习意义的获得是每个学习者以自己原有的知识经验为基础，对新信息重新认识和编码，建构自己的理解。在这一过程中，学习者原有的知识经验因为新知识经验的进入而发生调整和改变。

（3）同化和顺应是学习者认知结构发生变化的两种途径或方式。同化是认知结构的量变，而顺应则是认知结构的质变。同化—顺应—同化—顺应……循环往复，平衡—不平衡—平衡—不平衡，这样相互交替，而这就是人的认知水平的发展过程。学习不是简单的信息积累，更重要的是包含新旧知识经验的冲突，以及由此而引发的认知结构的重组。学习过程不是简单的信息输入、存储和提取，是新旧知识经验之间双向的相互作用过程，也就是学习者与学习环境之间互动的过程。

3. 师生观

（1）建构主义非常重视外部的引导，即教师的影响作用。在教学过程中，教师应该成为学生构建意义的帮助者和引导者，尽可能地激发学生的学习兴趣，帮助他们形成良好的学习动机。在此基础上，教师应该设计适合的教学情境和提升新旧知识的联系，帮助学生建构起所学知识的意义。

（2）就教师的角色而言，首先，教师应从传统的传递知识的权威者转变为学生学习的辅导者，成为学生学习的高级伙伴或合作者。例如，学生的学习需要采取一种新的认知策略，形成自己是知识的建构者的心理模式。对此，教师必须提供学生元认知工具和心理测量工具，从而培养学生联系的、批判的认知加工策略，以及自己建构知识和理解的心理模式。其次，教师要成为学生建构知识的积极帮助者和引导者，激发学生的学习兴趣，引发和保持学生的学习动机。通过创设符合教学内容要求的情景和揭示新旧知识之间联系的线索，帮助学生建构当前所学知识的意义。为使学生的意义建构更为有效，教师应尽可能组织协作学习，展开讨论和交流，并对协作学习过程进行引导，使之朝有利于意义建构的方向发展。

（3）就学生的角色而言，学生是教学活动的积极参与者和知识的积极建构者。建构主义要求学生面对认知复杂的真实世界的情境，并在复杂的真实情境中完成任务，因而，学生需要采取一种新的学习风格、新的认识加工策略，形成自己是知识与理解的建构者的心理模式。具体来说，学生要用探索法和发现法去建构知识的意义，要主动去搜集和分析有关的信息资料，对所学的问题提出各种假设并努力加以验证。学生还要善于把当前学习内容尽量与自己已有的知识经验联系起来，并对这种联系加以认真思考，因为联系和思考是意义建构的关键。

（二）情境认知理论

情境认知理论是认知学习理论的重要组成部分。情境认知理论认为，学习不仅仅是简单的个体思维过程，有效的、自然的学习是在学习者所处的或是积极参与的情境中发生的。情境认知论批判了完全依靠规则与信息描述的认知观，仅仅关注有意识的推理和思考而忽视情境对认知的做法是不可取的，真正起作用的是人们与环境间的相互协调关系。

（三）复杂适应系统理论

复杂适应系统理论认为，适应性从本质上来说就是个体要对周围环境去主动地感受和适应，让自身的动态发生变化以便更好地融入环境，这既是人与环境之间的互动，也是发生改变的人产生的互动。他们在不断交流和沟通时可以进行"学习"和"经验的积累"，并在长期的学习中依据经验对自身的认知结构进行不断的完善和改变。稳定与不稳定、合作与竞争才是复杂适应系统理论的逻辑所在，而没有情节的场景模拟教学就是以此为基础进行的。

（四）多元智力理论

传统的智力观点是，静态的测验成绩可以代表学习者在语言和数学方面的学习能力，加德纳对此提出了质疑，在他看来，每个人都有一些特殊的智力特长，包括：言语—语言智力；音乐—节奏智力；逻辑—数理智力；视觉—空间智力；身体—动觉智力；自知—自省智力；交往—交流智力和自然观察智力等。智力是在特定的文化背景下或社会中，解决问题或制造产品的能力，具有社会多元文化性。

（五）专业技能理论

专业技能是指专家拥有的不同于常人或新手的在某专业领域的特殊能力。

专业技能不仅仅是从书本中获得的知识，还包括把书本知识运用到实践中解决问题的能力。从有关专业技能理论研究的角度来看，认知学习离不开学习和训练的结果，即随着个体对知识内容认识的逐渐加深，在多种情境中运用知识能力的逐渐加强，个体的灵活性思维逐渐形成。①

二、情境教学法的原则、特点及作用

（一）情境教学法的原则

1. 体验性原则

人的认知活动带有体验性，人的认知水平和认知能力也与人的心理水平有关。情境教学法要求教师将教学内容融入具体的情境之中，从而使学生获得直观、直接的认知感受和情感体验，那么在情境教学法的过程中就必然贯穿着教师所引导的、学生所产生的各种体验。

体验性原则要求教师尽量在与教学内容相关的各种情境或氛围中引导学生发现问题，产生问题意识，并根据自己的理解和经验发散思维，展开想象，寻求解疑之道，辨别是非曲直。体验性原则贯穿情境教学法始末，学生思维的"过程"和学生通过学习获得的"结果"同等重要，教学不仅仅是让学生知其然，还要让学生知其所以然；教学不能只是让学生知道正确答案那么简单，找到答案的过程以及在这一过程中所获得的情感体验也同样弥足珍贵，也同样是教学的有效内容。

2. 自主性原则

自主性原则建立在良好的师生关系之上，它要求教学活动必须尊重学生的主体地位和充分发挥教师的主导作用，使教师从学生的实际出发，根据教学内容，适时地、行之有效地引导并鼓励学生去发现问题，在发现问题之后能够独立思考，并且不断地进取、探索，不屈不挠，坚持不懈，培养学生的主动意识和创新精神，使学生在完成学习任务的同时得到如何做人的情感态度体验。

只有相互信任和相互尊重的师生，才能做到有效教学、有意义教学。教学过程本身就是教师、学生与作者之间的对话交流，在情境教学中，教师了解学生，学生了解教师，彼此默契十足；教师对学生言传身教，以自身为模板、为实例，对学生循循善诱，在引导和启发的过程中动之以情、晓之以理；学生在教师的引导下，步步深入，发散思维，让自由的思想在思维的天空里恣意翱翔，从而不断地获得认知，获得体验，获得提高。

---

① 孔云. 经典教学理论与课堂教学应用［M］. 北京：海洋出版社，2018：163.

3. 智力与非智力结合统一和意识与无意识结合统一的原则

这一原则就是让学生的智力在轻松的状态下得到最大限度的发挥，这是实现情境教学的两个基本条件。人的认知受意识、情感和理智因素的制约，这就要求在教学活动中教师既要考虑如何使学生精神集中、专心致志、刻苦钻研，也要考虑如何才能调动学生学习的主动性和积极性，如何充分调动和激发学生身上的无限潜力和潜能，所以，在教学活动中，要让学生在轻松的状态中保持精神的集中，才能使他们发挥最大的能力。在这种状态下，学生的想象力和创造力都十分丰富，感性思维达到极致，不受干扰，技能俱增，智力得到充分的发挥和体现，学生在轻松的状态下不由自主地实现了知识的增加和技能的提高，这也是情境教学法所追求的效果。①

（二）情境教学法的特点

1. 形真

形真主要要求形象具有真切感，神韵相似，以鲜明的形象强化学生感知教学内容的亲切感。就如同中国画的白描写意，简要的几笔，就勾勒出形象，并不要求重彩，却同样是真切、栩栩如生的。情境教学也是同样的道理，以"神似"显示"形真"。"形真"不是实体的机械复制，或照相式的再造，而是以简化的形体、暗示的手法获得与实体在结构上对应的形象，从而给学生以真切之感。

2. 情切

情切，即情真意切，让情感参与认知活动，充分调动学习者的主动性。情境教学是以生动形象的场景激起学生的学习情绪为手段，连同教师的语言、情感、教学内容以及课堂气氛成为一个广阔的心理场，作用于学生的心理，从而促使他们主动积极地投入整个学习活动，达到学生整体和谐发展的目的。情境教学正是抓住促进学生发展的动因与情感，展开一系列教学活动的。在情境教学中，情感不仅仅是一种手段，更应成为教学本身的任务，成为教学追求的目标。

3. 意远

意远，即意境广远，形成想象契机，有效地发展想象力。情境教学取"情境"而不取"情景"，其原因就在于"情境"具有一定的深度与广度。情境教学讲究"情绪"和"意象"。情境总是作为一个整体，展现在学生的眼

---

① 王惠莲. 对外汉语教学方法与教学模式的创新实践［M］. 长春：东北师范大学出版社，2020：50.

前，造成"直接的印象"，激起学生的情绪，又成为一种"需要的推动"，成为学生想象的契机。教师可以凭借学生的想象活动，把教材内容与所展示的、所想象的生活情境联系起来，从而为学生拓宽广远的意境，把学生带到教学内容所描绘的情境之中。一方面，情境教学所展现的广远意境能够激起学生的想象；另一方面，学生的想象丰富了教学情境，真正达到相得益彰。

4. 理寓其中

情境教学的"理寓其中"，就是从教学内容出发，由教学内容决定情境教学的形式。在教学过程中，教师要创设一个或一组围绕教学内容展现的具体情境。情境教学"理蕴"的特点，决定了学生获得的理念是伴随着形象与情感的，是有血有肉的。这不仅是感性的、对事物现象的认识，而且是对事物本质及其相互关系的认识。情境教学正是具有了以上所述的"形真""情切""意远"且"理寓其中"的特点，使它为学生学习知识，并通过学习促进诸方面发展，提供了一条有效的途径。

(三) 情境教学法的作用

1. 有利于培养学习者的感性认识

情境教学是学习者在与情境中的对象发生交互作用的过程中进行习得的，这里所说的对象既可以是实物对象，也可以是问题对象。学习者在与实物对象的交互过程中会获得真实的、具体的感性认识，丰富对教学内容的理解和认知。学习者在与问题对象的交互过程主要是根据背景条件和知识结构并通过学习者自己的思考来获得问题的答案，会使得学习者产生新的感性认识，有利于促进学习者理性认识的形成和发展。

2. 有利于培养学习者的迁移能力

迁移是一种学习过程对另一种学习过程的影响，学习者只有懂得如何把知识恰当地应用于不同的情境中迁移才会产生。教师在教学过程中要注意教给学习者在不同的情境中的应用规则、学习方法和基本知识，使学习者了解到技能和策略如何从不同的方面给他们的学习带来了便捷和高效。情境教学中的情境设定既可以是真实情境，也可以是描述性情境。真实情境是指真实的社会实际生活和原生态的自然地理环境，描述性情境是指学习活动背景是由教师专门创设的，具有较强的针对性。

3. 有利于培养学习者的个性发展

学习者的角色扮演是否丰富对于学习者个性发展的完善与否有很大影响，学习者在教学情境中可以扮演多样化的角色。其主要有两类角色：一是观察角色，学习者只是以旁观者的身份对情境中的对象进行外部观察，增强感性认识；二是参与角色，学习者通过参与具体活动以获得真实的体验，促进认知能力的提高。教师在情境教学中不但要向学习者提供角色扮演的机会，而且要轮流扮演这两类角色，这样才能推动学习者的个性向完善方向发展。

4. 有利于培养学习者的合作建构

情境教学的一个重要特点就是需要学习者个体之间的密切协作和互相配合，这就给学习者提供了丰富的教学情境和沟通交流的机会。学习者在协作中共同完成了知识意义的构建，每一个人都能获得对知识的独特理解、亲身体验到情境和交流的巨大作用，认识到情境教学的重要性。

第二节 日语情境教学活动的组织

一、日语情境教学的具体组织流程

（一）创设情境

任何有意义的语言交际活动都是在特定的情境中实现的。没有情境就没有语言的意义，日语交际活动离不开语言的情境。因此，必须创建与当前学习主题相关的，接近知识产生、使用的实际情境，通过教学内容、教学环境、教学语言的情境化，激发学生潜在的兴趣和求知欲，让学生进入积极的学习情感状态，形成强烈的达标意向，提取记忆中的有关知识、经验，激发联想和想象。

（二）设定目标

教学目标的实现要在教师主导下，在了解学生学习障碍和需求的基础上，准确、恰当地定位，及时给予具体的指导。日语教师通过语言描述实物演示、角色扮演、现代化的多媒体手段等为学生创设一个个生动形象的日语教学情境，激发学生自主学习的内驱力，诱导学生积极思维，点燃其思维的火花。在学生旧有知识与能力处于活跃状态之后，及时进行各种日语学习活动。

（三）构建情境

学习者围绕学习主题搜集信息，分析、辨别搜集的信息。在此基础上，学生之间、小组之间相互质疑问难，交流学习情况。提倡学生要敢于质疑，大胆质疑。日语教师则要放手让学生自己探讨、推导并加以归类、整理，从而锻炼和发展学生的思维能力。

学习者对获取的材料进行分析和进一步地探究，包括学生个体自主探究、小组探讨、集体相互交流和师生相互释疑等日语情境学习的方式。学生通过自主思考、感悟，寻求现象与本质、原因与结果等规律、关系，最后由自己得出问题的正确结论。日语教师要对学生不同认知、答案的价值给予积极的肯定，促使不同层次的学生在各自的基础上获得进一步发展，享受成功的喜悦，增强自信心，促进创新品质的形成。

学习者利用原有的认知结构中的有关经验（"图式"）去"同化"和索引（分析、检验、确认）当前学习的新知识，如果不能"同化"，则引起"顺化"，实现对知识意义的重新建构。在日语教学中，学生充分发挥语言学习中认知主体的作用，利用原有的认知结构中的有关经验，去实现新知识的意义建构。

学生只有在进入积极思维状态、良好的情感状态并获得一定的短期动机的基础上，才能有效地进行各种语言学习活动。由于获得了丰富的信息，思路得到尽可能的扩展，就可能在更新、更高的层次上产生出新的问题。学生在教师的引导下，对已经开始内化的语言信息进行进一步的语言实践活动，将内化的语言知识向技能转化，在转化中，学生凭借自身的努力与语言学习活动的体验，能获得更深的领悟。最后，学生在情感、思维、语言、策略等各种因素的综合作用下，在充分内化语言的基础上，开始独立将所学新知识技能通过活跃的思维活动运用于真实的或模拟真实的交际任务活动之中，从而实现学生综合素质的发展，达到自主创新学习的目标。

二、日语情境教学组织形式

（一）互动交际式组织形式

主体性教学理论主张在教学过程中要贯穿活动性。活动是人类社会及其全部价值存在与发展的本源，也是人的生命、能力、个性品格形成与发展的源泉。活动是以交往形式展开的。日语教学是语言实践，与活动密不可分。日语教学应根据教学情况，设计和安排各种活动。按照一般的教学程序，活动类型大体可分为：呈现活动、练习活动、交际活动等。这些教学活动不仅强调师生之间的互动，更强调学生之间的合作互动。教师要让每个学生在活动中都能充当一定角色，要善于发现学生在各种不同的活动中所表现出来的长处，经常表扬和鼓励学生，使每个学生有机会获得成功感，获得学习的快乐，以利于激活学生的思维、兴趣、创造潜能等。

(二）直观、模拟情境组织形式

教师要创造性地运用现成的教具（实物、实景、教学挂图和教学媒体等），设计出适合学生年龄段的教学情境，使学生从感性上认识事物和现象；利用图片、投影，采用问答式的方式边练边讲知识，使课堂生动有趣，加速学生的理解过程。另外教师还可尝试新的教法，即改变传统学单词、翻译、读、写四点一线的教法，采取由看说、听说学起，由实物或彩图引出单词或句子，或者直接以表演形式引出对话，让学生猜出意思，再让他们亲自表演，达到培养他们独立学习、应用的能力。总之，教师要利用各种形象直观手段讲解日语语言知识，突出重点难点，把难点化易。重视在情境操练中讲解日语语言知识，在情境中进行精讲多练，培养学生扎实地掌握和运用语言知识。

（三）问题中心组织形式

以问题为中心的交流讨论是日语课堂教学中最常用的形式。它能减轻学生在语言交际活动中的焦虑心理，使他们表现出更大的学习自主性、积极性和创造性。这种交流是根据限定的问题进行讨论或者辩论的。问题中心教学按形式可分为三类：第一，口头通知或小型报告与所学专题相关的内容和信息；第二，扩展性交谈——按照教师预先通报学生的提纲进行交谈；第三，辩论——围绕教师提出的扩展性问题进行辩论。问题中心教学可分为三个阶段进行：有准备发言、半准备发言和即席发言。教师在小组讨论时要及时引导学生不偏离主题，并适时指出学生在言语表达方面的错误，最后对交流讨论作小结。

三、日语情境教学组织设计优化

（一）开展教学分析

教学分析又被称为学习需要分析，其作用就是鉴定教学问题并在此基础上形成总的教学目标，为分析学习内容、编写教学目标制定教学策略、选择和运用教学媒体以及进行教学评价等各项教学设计的工作提供真实的依据。教学分析的基本步骤：一是要进行学习结果分析，以确定期望学习者达到的学习状态。日语情境教学的学习结果可以从语言知识、语言技能、情感态度、学习策略、文化意识以及技能六方面加以分析，从而确定学生最终的语言能力水平和情境技能水平；二是要对学习者进行分析，以确定学生能力素质的现状，其当前的能力水平即是教学起点。对学生的分析可以从其初始能力即学生在日语学习方面的知识能力的准备状况以及影响日语学习的心理因素（包括学生的言语、记忆、思维和注意特点）两方面着手论述，以充分了解日语情境学习活动主体的现状，从而确定日语情境课的教学起点；三是找出学习者目前水平与所期望达到水平之间的差距，以确定学习需要，这一"差距"便是当前的教育教学问题，相应的日语情境教学的目标就得以确定。

日语情境教学目标包括语言能力目标和情境技能目标。目标确立以后，还必须对教学目标加以具体明确的阐述，即以具体的、可操作的行为目标形式加以表达和叙写，对教学目标达成的行为条件和方式做出具体的规定和描述，这样可以克服传统方法陈述教学目标的含糊性。

（二）制定教学决策

情境学习是日语教学的组成部分之一。在选定情境学习教学策略之后仍需对当今情境学习的策略种类加以分析比较，从而选出和设计出适合日语教学的情境学习策略。确定了教学目标，选定了教学策略，就可以开始进行具体教学活动的设计工作。在语言的意义性操练阶段和交际性操练阶段比较适合运用情境活动，确定了情境活动运用的时机，就可以着手设计情境活动。情境活动的设计是成功进行情境教学的关键因素，它涉及情境任务、情境学习方式、情境的创设等，其设计过程较为复杂。在此基础上就可以着手构建日语情境教学的基本活动框架。该环节可以以加涅的九种教学事件（即引起注意，告诉学生学习目标，刺激对先前学习的回忆，呈现刺激材料，提供学习指导，诱发学生行为，提供反馈，评定行为，促进记忆和迁移）为基本框架来合理设计日语情境教学的具体步骤，从而对整个情境教学活动作统筹地考虑和安排，然后进一步设计和编写出日语情境课的教案。

（三）评价教学设计结果

该评价阶段的任务是在实施教案、组织课堂教学活动的基础上，通过评价来检验所制定的教学措施的效果，并把评价中得到的信息及时反馈到设计中来，便于改进下一次情境课设计。日语情境教学主要采用形成性评价、标准参照性评价、学生自评和小组评价等手段及时了解学生的学习情况，获得反馈信息。

第三节　VR 教学在高校日语情境教学中的运用

一、VR 技术概述

（一）VR 技术的概念

VR 技术是在计算机技术不断发展的过程中衍生出的一种高新技术，一般情况下我们也可以将其称为"灵境技术"。VR 这一概念是在 20 世纪 80 年代初提出的，它具体指的是通过计算机和最新的传感技术创建的人机交互的新方式。VR 技术主要是借助计算机生成的三维虚拟空间，使人们从中获得听觉、视觉以及触觉等多方面的感官模拟，以此来产生一种身临其境之感。这一技术是一种较为先进的技术，集成了计算机仿真技术、显示技术、计算机图形技术、人工智能技术、传感技术等多领域的科技成果。

体验者可以在间接状态下感知计算机技术带来的"虚拟"环境，并从中获得一些具有真实体验感的物理体验。VR 技术最显著的特点是交互性和现实性，它可以让人们感受到周围的环境，如人们看到的、触摸到的东西等，在这个过程中，体验者并不是被动的感受者，而是能动性地主动设计和操作这一切的执行者。

（二）技术的特征

VR 技术最大的特点就是用户可以沉浸在这个虚拟环境中，通过佩戴专门的 VR 眼镜或者头盔等设备，体验一种身临其境的感觉。同时，这种感觉没有明确的边界限制，用户甚至可以进行 360 度无死角的全景式交互输入，从而获得最大化的沉浸式体验。

VR 技术的特性主要有以下几点。

1. 沉浸性

这是 VR 技术最主要的特性，主要体现在让用户"成为"这个虚拟环境的一部分，从而消除其可能带来的不适应感。同时，这种沉浸性还体现在系统要尽量不让用户受到虚拟环境以外的环境的影响，一切以用户的实际体验为核心。

2. 交互性

VR 技术的交互性主要体现在用户与所参与的模拟环境内的物体有互动，

用户的操作能对环境本身造成影响。当用户接触到虚拟环境中的人或物体时，应当能感觉到对方给自己的相应的信息反馈，这种反馈应该是近乎真实的、全方位的。①

3. 想象性

在真实环境中，人们可以通过有限的信息进行联想和想象，从而搭建出属于自己的新的模拟环境。VR 技术同样可以满足人们的这一需求，而且能在原有的基础上拓宽信息范围，使用户不仅仅局限于被动地接收信息，还可以利用主观能动性来自主地选择想要接收的信息，从而更好地创立新环境。

4. 自主性

从某种意义上说，VR 技术是"有思想"的，它会获取实际环境的三维数据，并利用获取的三维数据建立相应的虚拟环境模型。虚拟环境中的物体是依据物理定律进行动作的。

5. 多感知性

所谓多感知性就是指除了一般计算机技术所具有的视觉感知，VR 技术还包括听觉、力觉、触觉和运动感知，甚至包括味觉感知、嗅觉感知等。与其他媒体技术相比，VR 技术因其先进性而具有巨大的优势，但目前由于技术所限，VR 技术的其他功能还有待于进一步开发。

二、VR 教学在日语情境教学应用中需要注意的问题

（一）对数据库的信息要做到有效、完整

VR 教学的根本是建立在数据收集的基础上，只有对各类数据进行精准收集，才能创造出较为真实的场景，以及更加多元的学习工具和学习资料。这个数据收集不仅包括学习资料的收集，还包括对学生使用体验和喜好等数据的收集。前者可以通过将 VR 技术和互联网联动，建立日语学习资料库，烧为 VR 技术创造虚拟场景和虚拟人物提供核心资料。而后者主要是提升情境教学的真实性以及趣味性，通过收集学生的喜好数据，创造符合学生取向的教育工具和教育情境，能够使日语教学效果事半功倍。

（二）构建情境要生动有趣

听力是日语教学中的重点和难点。受传统应试教育的影响，仍然有部分教师认为日语听力是日语考试的一部分，日语听力的意义也在于此。因此，许多

---

① 王璐，崔丽红. 计算机虚拟现实技术［M］. 延吉：延边大学出版社，2022：2.

教师在教学过程中只重视听力的练习，对学生听力教学的要求也只停留在听懂内容，做对题目上。在课堂练习时，很多教师的教学方法是将录音播放三遍，强调学生听力练习的正确性，甚至在此过程中会出现过于强调技巧，教学生用投机取巧的方式得到正确答案等问题。然而听力语篇教学不仅是应试教育的一部分，它更是巩固语言知识，提高语用能力的重要环节，应当得到更多重视。

构建合理生动而有趣的情景，能够有效提高听力教学水平。如果能运用虚拟现实技术，将真实的生活场景带入高校日语课堂中，可以增加学生学习日语的兴趣，同时加深学生对这种国别差异的印象。

三、VR 教学的未来发展

目前的高校智慧教室建设可能存在地区发展不平衡的现状，但大部分的高校都使用了投影仪、电子白板等设备，已经实现了初级的智慧教室建设。基于此，不妨畅想一下，5G 时代的到来会给教育行业和智慧教室带来怎样的变革。

（一）世界就是智慧教室

5G 具有高速率、大连接和超低时延等特性，可以面向万物智联提供服务，有望给整个社会带来巨大而深刻的变革。在专家和学者的猜测中，5G 时代的到来就是 VR、AR 时代的到来。智慧教室将不停留于技术层面的初级阶段，而会通过头戴式设备进入虚拟教室实现居家服务、多视角服务。当万物可用，数据分析万物皆是数据之时，那世间万物只要在学生兴趣范围之内，都变成了可以接触、可以学习的知识，世界变成了一座活的博物馆，一个万物皆可是教师的大教室，学生随时可以进入一个充满日语的世界，去学习最地道的日语口音和最地道的日语用法。

（二）促进教育资源更加公平

目前我国的教育资源存在严重的地区差异和城乡差异。人们在目前的 4G 时代已经可以通过线上教学也就是网课来跨越时间和空间的距离。但由于 4G 网速和基础建设的限制，线上教育仍需要较大的成本和规模限制。而 5G 时代的到来带来的是飞速的网速和超大的网络容量以及整合一切教育资源的能力。优秀的教师，面向的将不再是一个教室的学生，而是成千上万的学生，这将是 5G 给教育带来的深刻变革，学生将可以不被局限在某一教室当中，能够接触到最优质的日语教师，学习到最优质的日语课程。

第四节　日语情境教学中移情能力的培养

移情是西方美学中的概念，后来，这一概念被应用在心理学中，称作感情移入，即指想象自己处于他人境地，并理解他人的情感、欲望、思想和活动的能力。移情是语言交际中的重要情感因素，是沟通人们内心世界的情感纽带。移情能力与个体的道德品质之间具有高相关性，移情能力高的个体，通常具有较高的人际技能，他们在社会情境中具有较强的适应能力，会做出更多的亲社会行为。日语语言的教学应重视学生移情能力的培养，创设日语会话情境，提高对他人表现的敏感性。

一、移情能力在日语情境教学中的培养

（一）建立良好的师生关系

教师的移情能力与学生的学业成就、纪律性以及积极的社会适应有显著关系。外语教学的过程其实就是教师与学生交往的过程，它不仅是教师和学生在知识、技能、能力等方面的交往，也是师生情感、心理的相互沟通、相互交流的过程，师生关系直接影响到教师的教学积极性和学生的学习热情。因此，首先我们要建立和谐平等的师生关系，为学生学习创造良好的外部环境。教师对待学生要理解和宽容，教师应学会换位思考，学会从学生的角度和立场去理解学生的思想感情以及对客观事物的态度，去体验学生的感受。在这种交往中，学生会因为教师的真心真情流露而更加尊重敬爱教师，并将这种情感迁移到与他人的交往当中。

（二）渗透日本文化情境教学

文化移情能力不是天生的，而是后天训练培养并逐渐积累形成的。文化是语言的载体，要使所使用的语言具有社会性就必须掌握承载语言文化的背景知识。在教学实践中，学生渴望了解日本的文化知识，而且为了避免在语言交流中出现行为笑话也需要熟悉了解文化背景知识。对文化知识的介绍可以采用比较法或联系法，例如，在讲到"老人"一词时，我们就可以采用比较法，日语中的"老人"，一是指上了年纪的人，二是指上了年纪没有生活能力的人。这与我国"老人"一词的用法是不同的。在日本给上了年纪的人让座位被认

为是不礼貌的，而我国自古有尊老爱幼的优良传统，在我国给上了年纪的人让座位被认为是一种美德。在讲到"棒球"时我们就可以采用联系法，介绍日本的体育以及日本的国粹相扑运动。这样学生就可以逐步了解日本社会及日本人的生活，有利于树立学习日语的信心。只有增强文化敏感性，注意当有心人，培养敏锐的文化感知能力，学会对不同文化所奉行的社会规范、文化规则和语用规律等的基本了解，创设特定的文化情境并不断应用，就能逐渐地提高自己的文化敏感性和文化移情能力，达到减少文化摩擦和文化矛盾，增进处在多元文化背景中人们相互理解、协调和沟通的目的。

二、日语情境教学中培养移情能力需要注意的问题

移情并不是要求人们放弃自己的情感体验，也不是要求必须赞同他人观点，而是一种以独立、公正的方式来正确评价别人的观点，态度和行为。在移情能力培养中，我们要注意以下问题。

第一，要认识和了解自己的情感，然后才能认同他人的情感，这是移情产生的前提条件。因此，在日语情境教学中，教师只有更好把握自己的情感，才能更好地理解学生的情感，在与学生的交往中有效地发挥移情的作用。同时，教师也应注意培养学生正确了解自己的能力。

第二，教师在情境教学的过程中要充分了解学生的需求。这个需求包括语言、认知和情感诸方面。因为情感和认知是不可分割的。教师只有在教学中真正体现移情，才能与学生保持和谐关系，才能达到良好的教学效果。笔者认为，在以学生为中心的日语教学中，教师体现移情之处在于创设特定的情境引发学生的学习兴趣，创设愉快的情境使学生以一种良好的心态投入学习，体谅、信任学生，为学生提供无威胁的学习环境，从而真正成为学生学习的促进者。

第三，时刻不忘赞扬与鼓励。赞扬与鼓励能给学生带来快乐，增强他们的自信，减轻心理压力。经常受到表扬的学生进步明显，而且日语水平低的学生最需要得到表扬。因此，教师在教学中应多使用饱含真情实感的话语对学生的成绩进行积极肯定，用承认学生的学习情感、表扬与鼓励相结合的教师语言接收学生的思想观点，以一种宽容的态度接受和了解学生的学习情感，引导学生的学习情感朝着有利的、积极的方向发展。

一般来说，移情能力强的学生，易于接受与自己的语言、文化、价值观念相冲突的东西，假设能力强，能有效地控制自己。在使用语言的过程中，对所遇到的困难以及因语言上的障碍而出现的失误甚至错误处之泰然。而移情能力弱的学生，由于对模棱两可的事物缺乏耐性，在使用自己不熟悉的语言时，往往要求过于苛刻。

教学中的移情应该是教学双方的事。一方面，教师要充分了解和理解学生，既保持合理的师生距离，又要和学生建立恰当的朋友关系；另一方面，学生也应该主动地与老师多交流、沟通，敢于暴露自己学习中存在的问题，在师生的共同努力下，不断培养和提高自主学习的能力。日语教师作为日本文化的重要的解释者和传播者，要有更高的文化意识和移情策略。①

第五节 情境教学法在高校日语教学中的应用策略

一、提高学生主体参与度

（一）加强师生情感沟通

日语学习是一种语言学习，是一个互相交流的过程。教学中，教师要积极引导学生参与教学活动，就离不开大量的言语交流，而语言的交流离不开情感交流。因此，教师要充分利用语言教学这一有利条件，通过情感因素的培养，尽可能排除学生学习日语的各种心理障碍，鼓励学生大胆尝试。当学生将信息反馈给教师时，教师可不着急简单的判断，而是调动学生参与评价，这样，尊重学生发表的看法，关爱学生，信任学生，给学生提供安全感，师生能够共同参与到评价中来。在良好、宽松、和谐的语言学习氛围中，学生没有精神压力和负担。这有利于形成良好、和谐的师生关系，同时促进学生自我评价能力的提高，增强学生的自信，使学生带着愉快的心情学习，大大调动学生学习的积极性和主动性。教师的一言一行会影响学生日语学习的兴趣和潜力的发挥，所以上课时注意以流利的口语、美观的板书、高尚的师德和情操，良好的人格魅力，及时肯定和鼓励学生的进步，对后进学生耐心帮助和关爱等，这些都会在潜移默化之中激发学生对日语学习兴趣和创造潜能。

（二）激发学生自主求知的潜质

日语教学要以学习者为中心，以学生自主探索为特征，使学生产生内在的求知欲，提出他们所关心的问题，确保对话教学和阅读教学都始终贯穿着对学

---

① 闫晶. 日语情境教学中移情能力的培养 [J]. 重庆电子工程职业学院学报，2009 (5).

生自我能力的关注，使课堂教学活起来，让学生动起来，自觉参与、全程参与课堂教学。日语课堂教学的时间有限，教师往往为了赶教学进度而仓促放录音，使录音"走过场"似的一带而过。然而，教师不能忽视播放录音的作用，它能使学生在听读过程中接受纯正的日语，纠正自己的发音偏差，在轻松的环境中不知不觉地掌握语言。这对不同层次的学生都有启发。因此，教师在课堂上要放课文录音，并要提出要求，如要求学生读准并熟读单词和句子等。这样既能充分利用教学资源，又能使学生接受不同方式的语言学习，可谓"一举多得"。当然，学习自主并不意味着教师完全袖手旁观，而要在学生学习的过程中做好引路人。作为教师要注意充分信任每一位学生，要放权给他们，每一位学生都有很大的潜能可以挖掘，对学生的信任实际上就是对他们真正的尊重。

二、推动教师情境教学观念的转变

（一）组织小组交流

学校在每周内确定一个时间段，将所有的日语教师集中起来，每位日语教师轮换当主持并全程使用日语，这就为日语教师提供了一个良好的听、说的情境，是日语教师将日语运用于生活、工作中的好机会。学校还可以规定每位日语教师都要用日语参与表演节目，可以是日语演讲、日语板书展示、唱日文歌曲等各种形式。这种交流活动能够丰富教师思维。另外，在组织的小组交流中也可以进行教研活动，讲述教师在日语教学上的一些收获或疑惑，然后一起讨论；也可分享在日语教学上成功的经验，这样不但帮助教师解决了自身日语教学上的困难，而且在交流会上可以学习他人教学的先进经验，从行动和理论上使教师的观念得到转变。

（二）组织听课

教学是由很多细节组成的混合体，因此教学过程要在细节上下功夫，然而教师不可能记得自己在课堂上所有的细节表现，这时就需要学校对教师进行分配，组织听课。在日语教学中有许多小的细节，教师很容易在着急混乱中用错，其他日语教师听课，并将这些细小的点指出来，则可以使日语教师教学更加规范。在日语情境教学的授课中，这些小的应该注意的点更多，一方面需要日语教师在教学中避免，另一方面也需要其他日语教师指导和建议，进而较快提高日语教师的情境教学水平。

三、拓宽情境教学实施空间

(一) 情境教学课堂化

和普通的课堂教学比起来，情境教学法的表现方式明显有所不同，但因为日语教学的特殊性，情境教学可以和课堂教学有机结合起来。具体来说，从教学方式的角度来看，二者并无好坏或者主次之分，所以，不管是在课堂教学中采取情境化方式，还是将情境教学在课堂中表现出来，其目的都是为了将两者的优势结合起来，以便最大限度地发挥教学优势。实际上，情境教学法的最大优势就是可以做到以人为本、以生为本，培养学生的学习兴趣，激发他们学习日语的积极性，而课堂教学则可以在相对固定和封闭的时间和空间中，系统性地向学生灌输各项知识，因此，二者的结合就可以变被动为主动，促进学生更好地学习日语知识。有鉴于此，在当前的大学日语教学活动中，演习式教学和情境式教学应该被重点推广，这是因为演习式教学更加重视实践性和研究性学习，其可以在教学过程中重点围绕发现的教学问题，组织学生和教师一起探讨解决。并且，因为探讨活动覆盖了班级全体学生，所以问题的探讨也更加多样化和层次化，对问题的认识也能够更加深刻。一般来说，演习式教学的模式主要为：发现问题—提出问题—小组讨论—各组辩论—评价总结。除此之外，在课堂教学过程中，还应当重视趣味游戏的创设，这是因为课堂教学的时间和空间有限，而游戏教学则能够最快地调动起学习的气氛，并促使学生养成主动学习的习惯。比如，当前有一款非常风靡的电视节目——猜字游戏，就是因为其规则相对简单、操作也较为便捷、知识性和趣味性都较强的原因而被广大观众所喜爱，大学日语教学同样也可以采用这种方式，将学生分为多个小组在课堂中进行游戏。

(二) 情境教学校园化

日语教学的效果与涉猎的范围和开展的环境有直接关系，要利用情境教学法的优势，从环境创设和扩大范围两方面入手。积极将日语教学的情景向外扩展，以整个校园作为情境教学的平台，利用日语教学的课余时间，在高校范围内构建学习日语、强化日语的平台。在情境教学模式校园化的过程中既要遵循日语教学的主体性，同时也要以日语学习的规律为基础，以长期发展和短期促进相结合的方式，建立起课堂化的日语发展新路径，在校园内增加日语听说、读写的内容和机会，丰富日语学习的空间和资源，提升日语实际运用和现实学习的机会，突出大学日语的核心内容和关键环节。要看到校园化的情境教学需要长期的积累,不能搞一蹴而就、急功近利式的运动化活动,要在校园内将日语学习和情境教学常态化、规范化,以语言学习特点和记忆遗忘曲线为出发点,合理安排学习内容和进度,提升情境教学法应用的效率与质量,在扩大日语教学范围,丰富日语教学情境的基础上,为学生日语学习成绩、质量和速度的提升提供现代化教学手段与教学情境的基础。[1]

(三) 情境教学生活化

众所周知,语言脱胎于实际生活中,一种语言可以在很大程度上体现出一个民族的性格和文化。同样,大学日语教材中选取的内容也脱胎于日本当地民众的生活实践,为此,想要提高日语教学的效果,就必须将教材的内容和现实生活联系起来,设计诸多的情境来还原生活,从而提高日语学习的实效性。需要说明的是,由于受到信息技术的影响,当前绝大多数学生的日常生活已经划分为现实社会和虚拟社会两种表现方式,因此,情境教学生活化也应当从这方面做起:首先,在现实生活方面,需要介入日语教学过程的内容:文化的介入、习惯的介入、风俗的介入、语言表达方式的介入等,比如,日本人大多对数字"4"和"9"比较忌讳,这是因为在日语当中,"4"和"9"的发音和"死""苦"相同,所以,日本的医院中基本没有"4"号房间;再比如,日本人在平时交流的时候,很多都会用到省略句式,特别是对于一些已经形成共识的事物,叙述起来更是偏少。其次,在虚拟生活方面,当前几乎全部的高校在教学过程中都会广泛使用多媒体教学的方式,但因为课时有限,学生很难从有限的多媒体课件中获得足够的知识。但借助网络却可以自由和免费的获得诸多类型的信息,比如,在"日语学习网"中,就包含日语学习的诸多知识版块,如入门、听力、口语、阅读、词汇、语法、考试、视频、走进日本以及歌曲、动漫等,几乎包揽了从入门到提高的所有知识内容。以上知识板块又细分成若干子板块,在这些板块当中,基本都以文字加图片的方式展现在读者面前,且信息更新非常及时,因而深受语言学习爱好者的推崇。如果在日常教学过程中能够很好地利用这一网站,无疑会很好地激发学生学习日语的兴趣。

(四) 情境教学专业化

在围绕实现日语教学目标下,学生对知识的掌握在一定程度上取决于日语教师的整体素质,情境式教学要求教师对真实情境的熟悉,熟悉日语的使用环

---

[1] 朱星荣. 情境教学法在日语教学中的应用研究 [J]. 黑龙江科学, 2016, 7 (20).

境，通过日语教师的实践来提升对日语的认识。[①]

　　大学日语教学中，教师必须努力提高自身的综合素质，尽可能适应当前日语教学的潮流。这就要求广大教师必须充分发挥主观能动性，努力在日常的生活实践中不断汇集日本的民俗文化和生活文化知识，之后再通过创设情境来提高学生的学习积极性和主动性，切实提高日语教学的效果。换而言之，情境教学法实际上是将教材上抽象的知识生动化、形象化的过程。不仅如此，教师还应当对学习材料进行相关的信息分析，引导学生进一步对日本文化进行理解，从而从源头上提高学生的语言应用水平。另外，在大学日语教学中应用情境教学法，还需要重视互动和共鸣的作用，重视激发学生的学习兴趣和培养学生的良好学习习惯。比如，教师可以要求学生利用课外时间对新单词进行预习，培养他们形成主动学习的好习惯；再比如，教师还应对教材进行深入研究，并引导学生在日常生活中运用日语进行简单交流，为他们创设良好的学习日语的环境；又比如，教师还可以组织学生用日语参与表演活动，从而在满足学生兴趣需要的同时，确保学生的思维连贯性与延续性。[②]

四、关注情境后的归纳总结

　　在大学日语教学中创设情境的主要目的是帮助学生更好地理解日语内容，掌握日语学习方法。对此，日语教师在创设情境教学后，应当作好情境的归纳与总结，帮助学生学会从情境中获取知识。而这一过程，就需要教学评价、分析，一方面，应当对教学方法的运用效果进行总结、改进，优化情境教学法效果。另一方面，需要针对学生从情境中获取的日语知识内容进行归纳、总结，引导学生积极分析，提升其自主学习能力，帮助学生逐步养成良好的学习习惯，为提升日语教学质量做好基础铺垫。此外，教师需要明确的是，虽然情境教学法强调的教学主体为学生，但这并不代表教师可以一劳永逸，在情境学习中，教师依然要发挥出导向作用，及时帮助学生解决疑惑。[③]

---

① 高远.日语专业情境式教学策略探讨［J］.现代商贸工业，2023，44（9）.
② 郑娟.情境教学法在大学日语教学中的应用研究［J］.山东农业工程学院学报，2017，34（4）.
③ 章斌.探讨情境教学法在大学日语教学中的运用［J］.散文百家，2021（9）.

第六章　跨文化交际视角下的高校日语新媒体教学策略

新媒体是一个相对的概念，是在报刊、广播、电视等传统媒体的基础上发展起来的新的媒体形态。本章主要分析了几种新颖的新媒体日语教学策略，为跨文化交际视角下的高校日语教学提供一些新的思路，分别为跨文化交际视角下的高校日语微课教学、高校日语慕课教学、高校日语翻转课堂教学、高校日语雨课堂教学的相关内容。

第一节　跨文化交际视角下的高校日语微课教学

一、微课概述

（一）微课的概念和特点

1. 微课的概念

自从 2011 年国内出现了第一篇关于微课的文献，研究者对于微课的概念界定一直是众说纷纭。胡铁生作为国内微课的引领者，他首先将微课定义为"按照新课程标准及教学实践要求，以教学视频为主要载体，反映教师在课堂教学过程中针对某个知识点或教学环节而开展教与学活动的各种教学资源有机结合"[1]。胡铁生不仅将微课视作简单的教学视频，他更是赋予了微课丰富的内涵与构成，包含教学设计、素材课件、教学反思、练习测试及学生反馈等。基于前人的研究和当下微课的发展趋势，这里将微课定义为：微课是以阐释某

---

[1] 胡铁生."微课"：区域教育信息资源发展的新趋势 [J]. 电化教育研究，2011（10）.

一知识点为目标，以 10 分钟以内的教学视频为主要形式，师生用以课前导学、课内助学、课后巩固的教学载体。

目前，很多研究者较为狭隘地将微课视作简单的教学视频或学习资源，事实上，微课的构成并不仅仅是 10 分钟以内的视频。对于微课的构成，不同的研究者从不同的视角出发也有不同的认识。就微课的组成而言，微课以"微视频"为核心，包含与教学相配套的"微教案""微练习""微课件""微反思"及"微点评"等支持性和扩展性资源，从而形成一个半结构化、网页化、开放性、情景化的资源动态生成与交互教学应用环境。这样的组成方式更为全面综合，教师通过微教案来设计微课件制成微视频，学生通过观摩微视频学习相关知识，通过微练习来自测知识的掌握情况，师生共同的微点评来促进彼此的微反思，这才是一个完整而又良性循环的"微课"。

2. 微课的特点

微课主要是针对传统教学资源的局限性提出的一种新的学习方式。

（1）主题明确

微课的作用主要是解决传统课堂教学中所出现的问题，如知识点复杂多样以及重、难点层次不清等。在微课的制作过程中，其都是围绕教学内容中最重要的知识点或教学中关键的环节进行设计。与传统的课堂教学相比，其教学内容更加精简，教学目标更加明确，教学主题更加突出，这是微课教学最重要的特点。明确主题选取的教学内容非常具有代表性，只有教学主题突出，整个教学才能真正地吸引学生的注意力，让学生更加容易地理解与学习。

（2）多元真实

多元主要是指微课资源的多样化，它不仅有微课视频，还有微教案、微课件、微点评、微练习等其他形式的资源。相对于传统的课堂教学视频而言，微课资源的多样化使得整个教学更加丰富多彩。在利用丰富的微课资源时，师生将同时从中受益，一方面，学生可以利用微视频进行学习以微练习进行相应的复习巩固，以微反馈的形式进行综合评价，这使学生的思维能力得到进一步提高，并且能够提升学生学习的兴趣；另一方面，教师利用微课资源的多样化去实现教学观念、技能等方面的提升与深化，进而提高课堂教学的效率，促进教师专业成长。

真实主要是指现场情境的真实性。微课的设计都会具体到一个真实而不是虚假的场景之中，进而形成一个与具体的教学内容有机结合的微课堂。这种真实性的场景与现实生活紧密结合。例如，生物教学中的微课场景一般要选在实验室或实习、实训基地，体育教学中的微课场景一般要选在体育馆或运动场。此外，教师在选择着装、教具时应与教学活动主题相一致，这样才能呈现出微课堂的情境性。

（3）弹性便捷

传统的课堂教学对教学的时间有严格的规定，而微课在时间安排上却有其明显的优势，即微视频的时间比较短，一般在5~8分钟，最长时间也不应超过10分钟，这比较符合学生的认知特点。微课资源的容量不会超过百兆，易于存储、便于携带，这使微型学习成为可能。因此，学生在完成微课的学习时所花费的时间和精力不会太大，这更有利于学生弹性安排个人的时间，非常便捷而且更加人性化。

（4）共享交流

共享是网络资源的核心理念。就微课目前的发展来看，其不仅具有网络资源丰富、交往、便捷、互动等优势，而且它打破了利用资源在时空上的限制，实现了教学资源的共享。除此之外，微课还为学生提供了一个网络学习与信息交流的平台，教师在微课教学后会把微视频上传到信息技术资源管理中心的网站上，供同行借鉴学习。教师还可以充分利用同行的经验不断地挖掘自身发展的潜力，加强交流与沟通、分析评价、强化教学反思。实际上，这就是我们现在所提倡的教师学习共同体的一个方面，它由教师群体构成，以网络式的虚拟场景为基础，以便教师进行交流与学习，从而实现教师个体的专业发展。

（二）微课的主要类型

1. 按照课堂教学方法进行分类

教学方法是指在课堂教学中，教师和学生为了实现共同的教学目标以及完成共同的教学任务所采用的手段与方式的总称。为了使一线教师更加容易理解微课的分类方法，初步将"微课"划分为如下类型，即讲授类、问答类、启发类、讨论类、演示类、练习类、实验类、表演类、自主学习类、合作学习类、探究学习类微课。

在此分类中值得注意的是，一节微课作品可以对应某种微课类型，也可以同时对应两种或两种以上的微课组合。例如，提问讲授类与合作探究类，其分类不是唯一的，应保留一定的开放性。同时，微课的类型也随着教育教学理论的发展和教学方法、手段的创新而变化，需要教师在教育实践中不断发展、完善。

2. 按课堂教学主要环节（进程）进行分类

按此分类法，微课的类型可以划分为课前复习类、新课导入类、知识理解类、练习巩固类、小结拓展类。其他与教育教学活动相关的微课类型还包括说课类、班会课类、实践课类、活动类微课等。

3. 从制作方式和文件格式角度分类

按照微课的制作方法和文件类型，将微课分为拍摄型、录屏型、动画型、改良型和幻灯片型微课等几种类型。

（1）拍摄型微课

拍摄型微课是指微课制作者在一定的教学环境中，利用摄像设备对教师所讲的知识点或者是学生学习的过程进行记录并制作而成的微视频课程，它的最大特点是教师出镜授课。虽然微视频中的师生之间没有真正地进行直接的交流，但教师的神态、表情、动作等仍然会对学生的学习产生一定的影响。

（2）录屏型微课

录屏型微课是指微课制作者在计算机中安装录屏软件，录制教师通过教学课件如基于绘图软件、手写板输入软件等形式制作的课件，直接用教学课件呈现教学过程，并同步录制教师的授课声音以及屏幕操作行为生成的微视频。

（3）动画型微课

动画型微课主要是利用相应技术，如应用动画技术和绘画艺术制作而成的微视频，其最突出的特点就是浓厚的趣味性与可操作性。动画型微课主要有两大类常见格式：视频格式，它只能够观看不能操作；动画格式，它既能观看又能操作。

（4）改良型微课

改良型微课的内容主要来源于学校常规课的教学内容，部分微课是课堂实录小片段。在微课这种形式出现之前，这类影像素材通常被制作成完整的课堂教学视频或者直接作为资料并存档；微课产生并兴起之后，这类影像素材便有了新的用武之地。改良型微课是指在常规课堂教学录像基础之上加工而成的一种微视频。改良意味着它必须按照微课的要求，在原视频素材的基础上为达到课堂教学的目的而进行加工制作。

（5）幻灯片型微课

由于持续播放连续运动的画面是影像视频最为本质性的特征，因此，幻灯片型微课可以看成一种广义的影像视频。[1] 因为这种微课不属于严格意义上的视频格式，所以其就不需要微课制作者使用视频制作软件。教师只要在幻灯片等演示幻灯片的软件中制作就能够实现流媒体效果，这种微课非常适合普通教师进行操作。

---

[1] 徐莉莉. 互联网时代中混合课堂教学模式研究［M］. 北京：北京工业大学出版社，2021：134.

二、微课与高校日语学习的关系

（一）微课教学促进日语学习认知结构的形成

日语的认知结构是在学生心目中的日本知识的广度和深度，结合自己的感觉、知觉、记忆、思维、联想与认知相结合的认知特点等方面，具有一定的内在规律的整体结构。微课教学是以该地区的最新发展学生的认知水平作为传授知识的载体，让学生根据自己的理解程度多次观看视频或听音频内容，进而推动认知结构的形成。在此过程中，授课教师则成为学生学习中的指导者、促进者，有更多的时间与学生进行互动、答疑解惑，指导学生逐渐形成完整的日语学习认知结构。

（二）微课教学可以激发学生的学习兴趣

建构主义理论是微课教学的理论基础，这一理论注重培育学生学习的主体性、积极性。随着现代信息技术的发展，为学生创造自主学习环境的微课让学生参加日语的教学活动，享受个人自主探索与其他学生合作交流的快乐。由此看来，日语微课教学成为激发学生日语学习兴趣的一大利器。

（三）微课教学能够丰富日语学习资源

微课教学的发展为日语教学打开了多元化的学习途径。学生可以借助数字化学习，从网络中获取丰富的日语教学资源。与此同时，借助手持的移动终端，学生还可以随时随地通过微课进行学习，也为师生、生生之间搭建了一个交互式的学习桥梁。

三、微课应用于高校日语教学的优势

第一，借助微课，日语教师能够在课堂上创造出精彩的教学情景，提高学生的学习兴趣。语言起源于人们的生活，借助微课构建课堂中的教学情景，模拟再现生活场景，让学生身临其境。例如，在"敬体语气"教学时，教师可以用不同身份、等级的人对话的微视频，随后依据不同的人进行相应的讲解。这样不仅可以提高学生上课时的注意力，还加深了学生对这一知识点的印象。

第二，借助微课突破日语教学重难点。日语动词、形容词等的词形变换是学生学习过程中的难点。日语教师可以将这一重难点问题归类、总结制作成微课，提供给学生，让学生在课余不断巩固复习，达到温故而知新的效果。

第三，借助微课解决日语教学中的问题，可以构建一种交流探索式的学习模式。日语教师可以把立体讲解这一环节用微课教学的形式呈现给学生，让学生自主学习，并设计好经典的问题，以便让学生讨论、解答。学生则可以自主控制学习进度，通过小组写作解决难点问题。交流探索式的学习环境可以让学生将所学知识完整化，并加深学习印象，提升了学习效率，进而形成稳固的日语认知结构。

第四，在课后，日语教师还可以借助微课拓展素质教学内容，从深度、广度方面对教学的内容进行挖掘拓展，这样有利于加强学生日语思维训练及解决问题的能力。

四、高校日语微课教学的应用策略

(一) 处理好"有"与"无"的关系

在微课教学内容的制作过程通常是没有学生直接或间接参与的，然而作为借助微课展开教学的日语教师，其内心不能没有学生。在课堂流程方面，由于微课教学与传统的课堂类似，有提问、课堂活动以及师生合作解决问题等环节。制作微课虽然是在没有学生直接参与的情况下进行的，但教学的部分环节需要在假设学生已经完成的状态下进行。这就意味着日语教师需要跳过学生答疑活动这一环节，通过借助过渡性词、句，假设学生已经完成该教学环节，同时还要对学生的学习情况进行简要评价。因此，在微课日语教学过程中，教室里可以没有学生，但教师在讲解过程中心里要有学生，并时刻预测学生可能会遇到的问题，继而在点评与总结环节予以指出。

特别需要指出的一点是，虽然微课教学没有学生的参与，但却不能把"微课"与"说课"教学等同起来，二者在本质上是不同的。就其本质而言，微课还是一节课，与传统的大课堂不同之处是在其时间段没有学生在场。而说课则与之不同，说课的重点在于这节课怎么上或者准备怎么上，但本质并不是上课。因此，不能把二者混为一谈。在教学过程中，日语教师尤其需要注意处理好"多"与"少"的关系，"多"是指教学内容多、教学容量大。因为时间通常较短，大部分微课控制在5~10分钟内，最多不得超出15分钟。鉴于时间方面的限定，日语教师在进行"微课"教学过程中一定要把握好"多"与"少"之间的关系：如果教学容量过大，内容过多，那么教学时间就可能过长，整个"微课"便会显得拖泥带水，甚至让学生感觉繁杂不堪。但是，内容过少又难以达到微课教学的预期目标，有些内容省略不讲都有可能导致知识表达不清，进而让学生一头雾水，难以达到预期的教学效果。

(二) 精心设计日语微课教学的切题和收尾环节

鉴于微课教学与传统教学之间存在较大差异，切勿将微课教学与传统的教学等同起来，在教学设计的切题与收尾两个环节尤其如此。在常规的传统课堂教学过程中，切题通常会花费好几分钟，教师会就当堂课的内容"造声势""讲排场"，而微课教学则不能如此，因为其时间有限，切题就必须迅速、一针见血，要尽可能地把时间分配给主要内容的讲授。当然，这并不是说微课的切题就无足轻重；相反，微课的切题要求比传统教学模式的切题还要高，需要在尽可能短的时间里提出问题、营造悬念，或者通过新颖、引人入胜的画面等多媒体手段快速进入内容主题。

(三) 把握好日语的语言、语速和脉络

日语是日本的官方语言。[①] 所有的日语教学课程，包括传统的大课堂教学课程和微课教学课程，一律需要在语言方面简洁、生动、富于感染力、逻辑条理性强，而微课教学比其他的教学模式有着更高的语言方面的要求。在日语微课教学过程中，日语教师要尽可能不去反复讲同一句话，更不能穿插讲授其他和讲授内容无关紧要的内容。有鉴于此，微课教学对语言的要求是非常严格的，而传统的课堂教学则大不相同。为了更好地调动学生的积极性，或是为了调节课堂的氛围，日语教师通常会将一些教材以外的内容，对相关知识进行补充。同时，微课是事先录制好，然后以视频或音频的方式呈现给学生。因此，在录制过程中，日语教师的语速把握就显得尤为重要，因为人的声音通过电子设备播放出来偶尔会出现失真的现象，特别是语速过快时，更容易产生语音、语调的模糊，进而造成学生理解困难。正因为如此，日语教师在录制微课的过程中采用间断停顿会让声音清晰，如果能够像播音员那样的语速、语调，那么这节微课自然会产生很好的效果。

(四) 重视教师教态在微课教学中的影响

教师在日语微课教学中，依据不同的教学对象，注意使用手势的频率，且要和多媒体课件紧密结合起来。学生的心理状态、内心感受和信息接收等方面则会受到教师目光的影响，在微课中，日语教师应该有意识地自然流转自己的视线，让所有观看的学生感觉到教师是在和自己说话，进而引导其专注于课题。只有教师富有激情，有着极强的亲和力，学生积极性才能被更好地调动起

---

① 楚军. 语言学通论 [M]. 成都：电子科技大学出版社，2021：230.

来。虽然在录制微课教学内容的时候现场不一定有学生，但是教师需要处理好"有"和"无"的关系。在没有学生的情况下，教师同样应该让自己的表情自然、真实、生动。

第二节　跨文化交际视角下的高校日语慕课教学

一、慕课概述

（一）慕课的概念

慕课是大规模开放式在线课程的简称。在慕课教学模式下，整个课堂教学和学生学习成为完整、系统的在线实现。慕课是包含讲授、讨论、作业、评价以及回馈的教学过程，不只是纯粹的教学或者自学，是融合教师讲授、学生学习的整个教学过程。在课程中，教师的主电脑连接到学生电脑，方便教师观察学生的学习状况。学生如何学习、学习效果如何都会在线呈现，并获得相关的学习反馈。

作为在线教育的最新形态，慕课将社交服务、在线学习、大数据分析和移动互联等理念融于一体，向用户提供大规模的免费在线高等教育服务以及生动的学习体验。慕课的巨大优势已经引起政策决策者、投资者以及教育人士的广泛关注，并吸引他们投身于慕课建设。大量来自世界著名高校的丰富课程资源吸引了世界各地的学习者共同在线学习。在各专业教师带领下，学习者可以在线无障碍、无距离地进行学习。

（二）慕课的特征

1. 大规模性

"大规模"意味着学习者数量不做限制，与传统课程只有几十个或几百个学习者不同，一门慕课课程可以有上万人参加。大规模主要是指大量的学习者，也可以指大规模的课程活动范围。在未来，随着该模式的普及及其影响力扩大，参与者还会更多，因此慕课是一种巨型课程。

2. 开放性

开放性是说慕课的学习者可能来自全球各地，因而信息来源、评价过程、学习者使用的学习环境都是开放的。在美国，慕课是以兴趣为导向，凡是想学习的学习者都可以进来学，他们不分国籍，只需注册一个账号就可参与学习。为此，人们强调，只有当课程是开放的时候它才可以称之为慕课，只有这些课程是大型的或者大规模的才是典型的慕课。因而，慕课学习是一种将分布于世界各地的授课者和学习者通过某一个共同的话题或主题自愿联系起来的学习方法。

3. 非结构性

从内容上看，慕课大多数时候提供的只是碎片化的知识点，是一组可扩充的、形式多种多样的内容集合。这些内容由一些相关特定领域专家、教育家、学科教师提供，汇集成一个中央知识库。这些内容集合的独特之处在于能够被"再度组合"，即所有的学习资料未必堆砌在一起，而是通过慕课彼此关联。

一般而言，在其他国家慕课并没有一个组织者进行课程的顶层设计。最初它只是一些热心教育的人士或者在一些领域顶尖的专家为传播该领域的知识而提供的"志愿者"服务。后来，有一些大学出于授予学位或学习证书的需要，试图对慕课设立课程标准，以便为其课程与学位提供质量保障。

在我国基础教育领域，教育者试图借助慕课对教学进行改革。因而，在提供碎片化知识的同时，让教师与学生共同理解知识点之间的内在逻辑乃至一门学科的知识也被作为重要的问题提了出来。这就决定了在不同地区的慕课建设会有较大的不同，我们把中国未来的慕课学习称为基于系统设计的碎片化学习，它在结构形态上会与其他国家有一定的区别。

（三）慕课教学的优势

1. 打破了时间和空间的限制

首先，教育的实施者和发起者可以将教学内容、课程与资源不受时间空间限制地上传至网络平台。随着网络信息技术的进步与革新，上传手段和内容方式也更加多样、更加迅捷，这将极大地有利于网络平台知识的适时更新。[1]

其次，有利于破除学习者的学习空间和时间阻碍，这也就意味着所有具备上网条件的学习者都可不受时空限制、依照自己的兴趣爱好和生活节奏开展学习活动，并及时得到学习反馈。这是一种充分利用在线双向交互特点、支持教育者与受教育者之间无间隙在线学习与互动的教学模式，优于早期线上课程、远程教学及其他形式多媒体课程，减少了以往的网络课程都仅以单向提供资源的弊端。

---

[1] 欧阳魏娜，侯飞亚，刘子涵. 大学外语教学中的慕课和翻转课堂研究［M］. 北京：世界图书出版西安有限公司，2018：41.

最后，无时空限制还意味着通过网络，教师可以准确地了解学习者的学习过程，从而在大数据分析的基础上正确掌握学习者的学习情况，跟踪其学习进程，探寻学习过程中所普遍存在的学习与认知规律。在慕课平台中心的构建过程中，通过数据资料的汇总，学习者对不同知识点的反应将被放大，这将有利于深入研究认知科学，归纳行为科学的教与学的规律，也有助于提高学生的学习质量与学习效率。

2. 教学中可以以学生为本

第一，慕课教学模式强调重组课程的内容。各学科专业领域的权威教育者可以将先行编制的多样化教学资料上传至慕课平台，这些资源设计之初不一定相互关联，可以作为单独的学习单元，也可依照一定的目的、逻辑和意义进行排列组合，以此形成学习目标各异的学习单元集，从而实现课程资源的合理利用。

第二，慕课教学模式强调众包交互的课程学习方式。大量的学习者在慕课平台下构成了共同解决线上未知问题的"群众"，他们在现实或虚拟社区中协同互助，展开学习讨论活动，共同解决问题。学习者以多种方式在慕课平台中进行互动，其收获也许远比在教室中要多。通过这种众包交互的课程学习方式，学习转化为一个高度个性化的主动建构过程，并会推动终身学习的普及。

第三，慕课教学模式也创新了课程评价方式。学习者相互批改作业在统计意义上与教师批改作业的分数几近吻合，因而在适当的管理下，学员互评在面对巨量的线上学生作业评阅需要时将是一种非常有效的课程测评策略。同时随着网络技术的不断完善以及数据的不断整合完善，慕课平台的程序编订也逐步满足了多种复杂程度不同的作业评阅需求。

3. 具有较高的教学效率

"大数据"作为炙手可热的流行词汇在教育界也颇受关注，比如目前以关注学习过程为核心的学习分析研究已经成为一个研究热点。教育大数据成为趋势，合理应用教育数据，综合分析学习过程中的各项数据，并以此为据提供针对性强的学习建议和学习策略，在这一方面慕课进行了有益的探索。通过慕课教学模式，学习者将会在慕课平台产生有大量的学习数据，这些海量的资源为我们提供了海量的样本进行数据分析与挖掘，有助于进一步探明学习者的学习行为和规律，人们可以利用这些规律完善优化传统教育管理模式。

二、慕课应用于高校日语泛读课程教学

（一）日语泛读教学存在的问题

从目前我国高等教育的现状来看，日语教学主要以 25 人左右的小班为主，一次授课时间在 90 分钟左右。而大学生会话交流、语言应用能力的培养除了日语精读课程之外，泛读教学是一个很重要的辅助手段。小班化的教学管理虽然便于管理，但固定的教学方式仍然会降低学生的学习兴趣，不利于学生形成完整的日语认知。

1. 教材内容和周课时安排不合理

目前市面上在售的大多数泛读教材有国家规划的教材，也有独立出版的教材，基本上都是选取经典文章的标准化教材，教材内容仍然和精读课程联系紧密。多数教材在文章之后增加了单词、语法、练习等内容，从某种程度上说是简化版的精读教材，这导致不同课程教学内容和手段却雷同。同时，由于泛读课程的教材知识点与精读课程教材不同步，多数精读课程周课时是 8 课时，而泛读课程只有 2 课时，再加之开课学期不一致以及日语知识进阶的不同步，导致两门课程不能够有效衔接过渡，给泛读课程教学带来一定问题。

2. 课堂教学形式单一

目前，日语泛读的教学模式还处于以教师讲授为主、学生练习理解为辅的阶段，甚至有学生希望将泛读课程作为精读课程进行，这难免会使教师的教学手段逐渐改变，从而让其他课程为精读课程服务，这样也就失去了泛读课程存在的意义。个别高校的日语专业已将泛读课程取消，而不合理的教材加上传统的课堂教学会使学生失去学习的兴趣，泛读课程也会岌岌可危，成为日语教学的牺牲品。

3. 教学过程互动缺乏

受制于传统教学手段影响，日语课堂互动缺失现象较为普遍，为教书而教书成为扼杀日语泛读课程的重要因素。这样教师将不能随时掌握学生的学习心理，凝固课堂的氛围，进而加重厌学学生的心理负担，影响学生的学习效果。

4. 教学改革不彻底

某些高校日语专业进行了日语泛读课程改革，提高学生平时学习成绩的比例。例如，某高校进行日语泛读课程的改革将学生的成绩分为参与性成绩、过程性成绩和期末考试成绩三部分，其初衷是调动学生在平时的学习积极性。但是受教材、教学手段以及学生个人等因素制约，导致改革成效不大，甚至出现

学生专业成绩和综合素质下降的反作用。①

(二) 慕课应用于高校日语泛读教学的思路

慕课基于互联网而存在，具有传统教学模式所不具备的优势，但它作为一种远程网络教育，在语言互动方面尚有局限，并不能完全取代传统教学方式。因此，有必要将慕课与传统日语泛读教学模式相结合，各取所长，利用慕课线上教学资源为学生塑造积极、活跃的课堂情境，进而构建完善的日语泛读课堂教学体系。

在传统日语泛读教学的基础上，以慕课资源为平台，结合互联网、教师、学生三方参与主体进行日语泛读课程教学模式创新。教师和学生可利用互联网工具获取泛读素材并进行学习；任课教师要发挥"中间人"角色，有科学的教学思路和手段；学生是课堂知识的受体，在慕课进行中应该主动寻求完成任务并及时咨询任课教师完成学习任务。需要注意的是，在传统与现代教学手段结合的教学模式中，教师要科学合理地设置教学任务，即根据教学需求和学生是接受能力设置教学任务。

(三) 慕课应用于高校日语泛读教学的途径

1. 利用慕课工具，完善组织架构

日语泛读课堂与精读课程最大的不同在于日语泛读课堂以知识拓展、培养学生主动学习的兴趣为主，是学生个体之间、教师与学生之间进行知识交换并互相提高的过程。课程主要以评价、讲授、拓展、讨论相结合的方法展开，有着明显的动与静、理论与实践相结合的特征。因此，第一，要利用创新性工具，首先要突出面向学生全体的教学理念，即任课教师以慕课网络作为平台，利用平台和网络资源（结合课本）以学生喜欢的方式向学生传递信息，扩大学生的知识来源。第二，要根据学生的学习特点，突出个体的特征，让学生主动学习相关素材，深化日语学习的理论认知，使之与精读等其他课程相辅相成。

2. 明确教学目标，注重学生主体

任何课程的教学活动都是师生互动交流的过程，是教师指引学生融入课堂的非主观引导机制，因此设置教学目标要考虑到"双向性"，即课程目标和教学的情境目标。课堂教学目标的实现要重视学生的主动性。第一，在教学活动前，教师要明确本堂课程要教学主题，利用"慕课"网络搜集相关素材，组

---

① 张春林. "慕课"背景下的日语泛读课程教学模式构建 [J]. 年轻人, 2019 (28).

织好课堂进程展开教学活动。教师也可根据实际教学需要舍弃教材，搜集学生兴趣爱好做好主题设置，并开展课堂活动。第二，掌握学生的学习特点，利用慕课系统与学生就相关内容开展互动交流，以便及时反馈学习成果，方便教师及时做出评价。

3. 创建教学情境，塑造教学氛围

日语泛读课程与其他课程一样，同样需要教学情境的构建。良好的教学情境和氛围可以达到事半功倍的效果。第一，教学过程中，教师要学会利用慕课工具做好课程导入，结合时下的社会热点问题从具体事例的角度对学生进行引导。第二，结合学生的学习特点，利用慕课资源搭建个性化课堂，从学生的认知模式的角度调动学生的兴趣，把学生作为课堂教学主体，结合多种教学手段，健全学生的认知模式。第三，要有选择性和目的性的根据不同的教学环节设置教学问题，以问题为导向，进入课堂讨论中。第四，课前，用轻松活跃的手段来活跃教学氛围，有助于学生养成良好的自主学习习惯。

三、慕课应用于高校日语会话课程教学

（一）慕课应用于高校日语会话教学的现状

从目前我国高等教育发展趋势来看，我国的日语高等教育正处在历史变革的关键时期，大学生会话交流、语言应用能力的培养日益重要。日语专业会话课程通常是精品小班化授课模式，以 25 人左右的专业小班作为课堂组织主体。虽然小班模式的日语会话课程设计能体现出课堂教学的系统性、完整性和持续性，但是固定的教学方式会降低学生日语会话练习的兴趣，不利于学生形成完整的日语认知架构。慕课教学这一新型教学形式的出现改变了这种教学状态。基于社会科学网络的群体开放性课程可以为学生提供多学科交融的知识，既能满足学生日语会话个性化学习的需要，也为学生提供了与日语知识相关文化学科学习的渠道。以日语作为教学媒介的语言应用类课程在慕课领域有着广阔的发展空间，根据学生日语学习的现实需求以慕课为教学工具构建完善、科学的课堂教学模式已成为当务之急。

（二）慕课应用于高校日语会话教学的思路

在互联网情景中，虽然慕课具有传统教学模式不具备的优势，慕课的应用也会给高校传统日语会话教学模式带来影响，但是慕课作为一种依托信息传媒工具发展形成的远程网络教育机制在语言交互运用、对话情景塑造方面还有着一定的局限，不能完全取代传统的日语会话教学。为了改变这一现状，有必要

将慕课与日语传统课堂会话教学结合起来，在发挥传统教学模式情景性、引导性的基础上，利用慕课软件整合线上教学资源为学生塑造积极、活跃的课堂情景，借以构建完善的日语会话课堂教学体系。

在沿用传统教学方法的基础上，以慕课作为工具维度的教学模式调整实质上是一种关于日语会话课程教学模式创新的尝试。这种创新性的尝试应基于互联网工具、教师、学生三者共同构建。互联网工具应是对话素材、知识信息的来源，教师和学生可借助互联网工具搜索对话素材直接应用。教师应发挥"知识信息中转站"的作用，按照科学化的教学思路引导学生。学生应是知识信息的接受主体，在信息化情景中或与教师对话或者借助慕课完成教学任务。值得注意的是，在这种慕课与传统教学方法相结合的日语会话教学模式的基础上，要注重教学任务的设置，根据学生的日语会话水平科学、合理布置教学任务。

(三) 慕课应用于高校日语会话教学的途径

1. 利用创新工具，完善课堂的组织架构

众所周知，日语会话课堂与普通语言类课程最大的不同在于日语会话课堂以语言实践为主，是学生与学生之间、教师与学生之间进行对话交流的互动实践。课程主要以对话或是角色扮演的方法完成，有着明显的动态性特征。所以，创新性工具的使用要突出群体性教学理念，也就是教师以慕课网络作为课堂教学媒介，借助网络以音视频的方式向学生传递知识信息，进而扩大学生的认知来源。此外，教师要根据学生群体的学习特点，将对话素材有所突出，引导学生主动从素材练习开始，不断深化语言认知，形成较强的语言交流能力。

2. 设置课堂教学目标，突出学生主体地位

日语会话教学是学生与教师互动交流的过程，是教师引导学生关注课堂知识的客观引导机制，设置的教学目标要具有"双向性"特点。教学目标既要表达课程目标，也要表现出教学情境目标，目标的设置要尽可能细化，尽可能保持目标的引导性，增强课堂的整体性，以保障教学环境平衡。教师根据学生好奇心强，利用教室内的环境和多媒体画面构成一个环境系统，提出问题并引导学生进行探讨。为了在课堂教学中取得良好的教学效果，教师就要注重学生主观能动性的发挥。一方面，教师要利用慕课网络在课堂教学活动开始之前仔细搜集日语会话素材，设置课堂教学主题，让学生围绕教学主题展开交流探讨；另一方面，教师要根据学生学习的特点，利用慕课系统与学生进行对话、交流，让学生利用网络及时反馈学习成果，方便教师及时做出评价。[①]

---

① 徐坤. 基于慕课的日语会话课程教学模式构建 [J]. 吕梁教育学院学报, 2019 (1).

3. 创建慕课教学情境，营造良好的教学氛围

日语会话课程教学取得良好效果的基础条件是教学情境的构建。优质的教学情境和良好的教学氛围可以让学生放松身心，具备良好心态。这也就决定了教学过程中，教师要学会利用慕课工具选择一些与日语文化知识相关的问题或是故事当作开场白，从具体的事例的角度对学生进行引导。同时，教师要针对学生学习的特点利用慕课资源构建个性化课堂，结合学生的认知模式调动学生的兴趣，以学生作为课堂教学主体，将多种教学方法如信息化教学方法、情景化教学方法、实践性教学方法等融入课堂实践中，健全学生的认知模式。此外，教师要有目的、有选择地在课堂教学的不同环节设置问题，以问题为导向鼓励学生交流探讨。在上课前或是上课后，教师尽量以一些日文歌曲来活跃教学氛围，这样有助于学生在良好的氛围中形成自主性学习的意识。

第三节　跨文化交际视角下的高校日语翻转课堂教学

一、翻转课堂概述

（一）翻转课堂的内涵

翻转课堂也称作颠倒课堂，它是相对于常规课堂教学而言的。与传统的课堂教学模式不同，在翻转课堂的教学模式下，学生在家完成知识的学习，课堂成为教师和学生之间以及学生与学生之间互动的场所，包括答疑解惑、知识的运用等，课堂因此变为学生消化知识的场所，从而达到更好的教学效果。传统教学过程通常包括知识传授和知识内化两个阶段。知识传授是通过教师在课堂中的讲授来完成，知识内化则需要学生在课后通过作业、操作或者实践来完成。在翻转课堂上，这种形式受到了颠覆，知识传授通过信息技术的辅助在课前完成，知识内化则在课堂中经过教师的帮助与同学的协助而完成，从而形成了翻转课堂。随着教学过程的颠倒，课堂学习过程中的各个环节也随之发生了变化。

翻转课堂的基本流程如下：教师制作教学视频及相关练习并上传网络、学生课前自主学习教学视频及相关练习、课堂教学活动的实施（师生、生生之间交流难点、疑点，在课堂上共同完成作业并练习知识）、教学效果评价、反馈。

（二）翻转课堂的特征

1. 教师角色发生转变

首先，教师由传统课堂上知识的传授者变成了学习的促进者和指导者。教师不再是课堂的主宰者，课堂也不再是教师的一言堂，学生的主体地位在翻转课堂中得到了充分体现，然而教师的主导地位并没有被削弱，反而被加强。教师要熟练地掌握一些学习活动的组织策略，如基于问题的学习、基于项目的学习、小组学习、游戏化学习、角色扮演等。其次，教师由教学内容的传递者转变为视频资源的设计开发者以及相关教育资源的提供者。在课前教师需要向学生提供必要的资源，如相关知识讲解的教学视频、教学课件、其他网络资源等，以便于学生对所学知识有较充分的了解。当学生需要帮助时，教师便会向他们提供必要的支持。因此，教师成了学生便捷地获取资源、利用资源、处理信息、应用知识到真实情景中的辅助者。

2. 学生角色发生转变

在翻转课堂教学模式下的个性化学习中，学生成为自定步调的学生，他们可以自主对学习时间、学习地点进行选择，也可以控制学习的内容等。学生是整个学习过程的主角，不再是传统课堂上被动的知识接受者。学生在课堂上通过小组学习和协作学习等形式来完成对所学知识的理解和吸收。学生由之前完全的知识消费者转变成了知识生产者，掌握比较快的学生可以帮助没有掌握的学生进行学习，承担教师"教"的角色。

3. 课堂时间被重新分配

在课堂中减少教师的讲授时间，留给学生更多的学习活动时间是翻转课堂的又一核心特点。这些学习活动应该基于现实生活中的真实情境，并且能够让学生在交互协作中完成学习的任务。翻转课堂将原来课堂讲授的内容转移到课下，在不减少基本知识展示量的基础上，增强课堂中学生的交互性。最终，该转变将提高学生对于知识的理解程度。此外，当教师进行基于绩效的评价时，课堂中的交互性就会变得更加有效。

学习是人类最有价值的活动之一，时间是所有学习活动最基本的要素。充足的时间与高效率的学习是提高学习成绩的关键因素。翻转课堂通过将"预习时间"最大化来完成对教与学时间的延长，其关键之处在于教师需要认真考虑如何利用课堂上的时间来完成"课堂时间"的高效化。

4. "翻转"增加了学习中的互动

翻转课堂大大地提升了课堂上教师与学生以及学生与学生之间的互动。学生通过教学视频对即将要学的课程进行了一定程度的深度学习，在课堂上主要是学生提问、教师解答和学生之间进行讨论交流等，这充分提升了学生在课堂上的主人翁意识，使其能够积极地参与到学习过程中。当教师进行评价时，课堂中的交互性就会变得更加有效。根据教师的评价反馈，学生将更加客观地了解自己的学习情况，更好地调控自己的学习。

（三）翻转课堂的现代教育理念

1. 注重学生主体性的学生观

只有个体进行自我教育，真正意义的教育才能实现。只有个体学会了自我教育，学生才能体会到自我价值的实现。

学生是自己学习的主人，学生有一定的自我学习能力。学生具有自主学习的可能性和能动性。在翻转课堂教学模式下，学生真正实现了自我掌握学习进度，最大限度地发挥出自己的积极性。不论是学生的自学，还是小组合作学习，每个环节中都充分体现了学生的能动性和主体性。

2. 学生自主学习、合作学习、探究学习的学习观

现代学习观更注重发展学生的自主学习能力、合作学习能力和探究学习能力。在现代学习的理念中，学生自身具有自主学习、与他人合作学习、以问题为中心的探究学习的能动性和主体性。

在翻转课堂教学模式下，学生很好地实现了自主学习、合作学习、探究学习。在翻转课堂教学模式中很多环节都充分展示了学生所具有的较高的自主学习能力、合作学习能力以及探究学习的能力。

3. 新型因材施教、分层教学的教学观

新型因材施教观以维果斯基的最近发展区理论为基础，它立足于学生的现有发展水平，着重关注学生可能达到的发展水平。新型因材施教观意在促进学生向可能达到的水平发展，挖掘学生发展的潜能。作为维果斯基社会文化理论的精华，最近发展区理论是应用最广、对很多学科都产生深刻影响的理论。[1]

学生存在着个体差异，因而学生拥有不同的发展水平、不同的认知风格、不同的思维方式等，这就需要教师在教学的过程中关注学生的个体差异，进行分层教学。翻转课堂教学模式充分体现了新型因材施教、分层教学的教学观。在翻转课堂教学模式中，不论是微课的制作、学案的设计，还是"合作互学"等教学环节，它们都考虑了学生的差异性和独特性，这有利于学生在现有基础上获得更高层次的发展，也有利于探寻学生发展的各种可能性。

---

[1] 林明东. 社会文化理论与二语习得研究［M］. 北京：新华出版社，2020：37.

4."独立性与依赖性相统一"的心理发展观

由于自身具有的生理和心理特点，学生既具有一定程度的独立性，又具有相对的依赖性。学生的独立性要求在教学中以学生为主体，学生的依赖性要求在教学中以教师为主导。

翻转课堂教学模式综合考虑了学生的独立性和依赖性，体现了独立性与依赖性相统一的心理发展观。在教师的启发指导下学生自主地学习。这样既充分发挥了教师的主导作用，又体现了学生的主体性。

二、翻转课堂应用于高校日语教学

翻转课堂的教学模式是根据学生的特点、以学生为核心而建立的教学方式。将翻转课堂教学模式用于实践教学后，获得的效果良好，能够实现学生的学习能力不断提升、教师教学质量的提升以及教学压力的有效减轻。所以，在高校日语教学过程中有效利用翻转课堂，能够使高校学生的日语学习能力得到提升。[①]

（一）翻转课堂应用于高校日语教学的必要性

1. 适配学生学习水平

同一班级的学生也有零起点和高起点，即便是同起点也有学习能力高低的区别，所以当务之急便是教师实施因人而异的教学方式。在课堂表现中要注意表现方式的多元化，高校的日语专业学生分为零起点和高起点两种，学生可以根据自身的日语水平来选择相匹配的表达方式，高起点的同学可以选择难度较高的表现方式，如演讲、发表等。

2. 更加合理分配教学时间

在实际的高校日语课堂学习中，学生需要面临各类过级考试，学习时间非常紧迫，教师在课堂学习中往往不能给学生足够的时间表现自己，导致对学生接受程度的信息反馈十分缺乏。而在施行翻转课堂的模式中，学生可以利用课下大块的时间去进行微课视频的学习，对于不懂的地方可以反复重播，学习效果也将大大提升。而利用课上的时间，学生可以把自己在课下学习的内容通过多种方式展现出来，既掌握了知识，又锻炼了表达能力。

3. 激发学生创新能力

培养一批具有创新精神的当代大学生是当务之急，翻转课堂教学区别于传统的填鸭式教学，学生不再只是被动地接受知识，缺乏主观能动性。在翻转课

---

① 金盛爱."翻转课堂"在高校基础日语教学实践中的应用［J］.智库时代，2020（1）.

堂的模式中，学生能够在网络上与别的同学讨论，主动查阅自己所需要的材料，自主规划学习内容、学习节奏、风格和呈现知识的方式。这给了学生很大的创新、创造空间，能够让学生迅速地学以致用，增强学生学习的真实感，最终提高学习效果，也为其未来在工作中的创新意识做好了铺垫。使其能够肩负起时代赋予的责任，在中日交流合作中发挥出积极的作用。

（二）翻转课堂应用于高校日语教学的步骤

1. 课前设计

课前设计是翻转课堂在日语课堂中能否成功的关键一环。首先，教师在讲课之前要确定这门课的主题、该学期的时长、每一周的课时，根据课时来分配学习内容。并且每一节课都要有一个内在的逻辑性去实现每个单元的目标。也就是说，新的课程都要建立在之前的课程基础之上去完成，通过这种逻辑关系去实现课程的总目标。

其次，确立好教学目标和教学内容的适配。把教学目标分类为长期目标、阶段性目标和短期目标，确保学生在完成短期目标之后对今后需要完成的阶段性目标和长期目标在内容上有一定的启示作用，确保学生的学习内容有一个螺旋滚动式的上升。

再次，在选择教材的时候，尽量选择多种教材，在多种不同材料中选取一些恰当的材料对课程进行补充。判断教材里单元编排的顺序是不是和学生的学情相符合，不符合的要做出一些调整；教材的选材是否都能应用到课堂，如果需要删减一部分，那么教师要根据自己的教学设计补充一些必要的内容。

最后，在制作微课视频时需要把每次课程的重点与难点用简单易懂的动画表现出来，吸引学生的学习兴趣，同时严格控制视频的时长，防止重点与难点部分不够突出。在进行课前设计中，教师要多与学生沟通，对于学生在课前预习中遇到的一些问题给予帮助，并根据学生的反馈及时对课前设计进行修正。[①]

2. 课堂推进

在课堂设计中，教师和学生的角色要发生转变，但这一转变是一个循序渐进的过程，教学方法要根据学生的进步不断地进行调整。例如，学生刚开始接触一门新课的时候，需要一个准备的阶段，在这个阶段教师的输出内容较多，随着学生的不断进步，知识积累到一定阶段的时候，教师可以让学生在课堂上多一些展示自己的机会。在学生学习的过程中，教师要根据具体的情况增加或

---

① 高逸群.翻转课堂在高校基础日语教学中的应用[J].科技资讯，2021（27）.

删减对学生的调控,如在初期阶段对学生的调控力度要大一些,等学生养成好的习惯了以后可以逐步减小对学生的调控力度。

在学生具备表现自己的能力时,由学生作为课堂的主导者,通过小组讨论、表演、发表等方式,把学生在课前做的预习准备工作在课堂上表现出来。这样既可以让学生有在众人面前展示自我的机会,又可以活跃课堂气氛,激发学生的学习热情。在学生表现结束之后,可以一起讨论大家表现中有哪些亮点和不足,对于亮点部分可以让其他学生学习模仿,对于不足的地方提出修改意见,帮助改善学生的误区和盲区。在课堂的最后,教师要帮助学生归纳总结该节课所学习的重点难点,加深学生对学习内容的理解。在这一环节,教师是一个引导的角色,学生是这场活动的主体,学生按照教师的引导去内化所学的知识,并通过积极参与各项教学活动来提升对日语的运用能力。

3. 课后交流

在激烈的日语课堂环节结束后,后续的交流工作也非常的关键。课后交流工作不仅仅局限于课后作业的批改和检查,同时也包括总结教学过程,对于不足的方面要及时订正。针对课后学生在学习和作业上有疑惑的内容,教师可以通过建立良好的沟通平台,帮助学生答疑解惑,并与学生讨论未来的日语课程环节的要素,积极吸取学生的观点,以建设成为学生满意且教学效果良好的品牌课程。

4. 兴趣拓展

兴趣拓展环节主要以激发学生的学习兴趣为目的,通过一些和课程内容相契合的小视频、漫画等材料介绍课文背景相关的日本的民俗文化、生活习惯、政治及经济等元素,帮助学生更快地了解课文背景。使学生对课文的内容也会有更深层次的认识,更重要的是不断激发学生对学习内容的兴趣,突破传统日语课堂教学方式的限制,让更多学生主动地参与到翻转课堂的制作环节和表演环节。从而不断活跃课堂氛围,使学生高效地掌握专业知识,提高学生活学活用的应用能力,达到教学质量的飞跃提升。

5. 完善学习检测方式

教师最通常的学习检测方式就是考试,但传统的期末考试的局限性非常明显,不能全方位地考查学生的综合素质能力,不能评价学生的动态学习过程,也不能体现出学生的日语表达能力。这种局限性导致很多学生抱着通过考试的心态学习日语,不注重日语的应用,不利于激发学生日语学习的兴趣。所以,教师应当通过上课提问、作业展示、小组合作、即兴表演等多种方式进行全方位检测。检测最重要的就是让学生发现这门课的价值,如果学生自始至终都对一门课一点兴趣都没有,教师还是应该反思是不是对这门课的课程设置、内容或者选材出了问题，同时也要考虑学生自身的特点、需求和教学环境等因素。教师也应该了解和预估各种教学活动的效果来检测是否能够促进学习的发生，还要考虑教学环境，如大班的教学环境要和小班的教学环境检测方法有所不同。在接收反馈方面，大班教学可能会比较困难，教师可以通过一些共性的问题进行统一的反馈，这种反馈可以扩大学生的知识面，并且这个课程是学生很感兴趣的内容，让学生现在的学习内容为以后的语言学习和专业学习打下基础。教师可以帮助学生掌握更好的学习方法，让学生感受到自己每一次的进步，从而更加热爱学习，最终形成一种良性的循环。

6. 课程评估

翻转课堂由于课程形式多样化，评估的方式也应当多元化。在做课程评估的时候，教师可以通过自评或者学生反馈等方式评估该课程的教学是否达到了既定的目标以及学生是否对该课程表示满意，并分析该课程所需要的时间和费用是不是在合理的范围内。

在传统的日语课程中，多采取课程终结性评估的评估方式。例如，在学期末，很多学校都会设立一个调查问卷让学生对某门课程进行评估，这个评估就是综合性评估。但是从评估效果上来看却并不尽如人意，学生对教师的评价往往带有主观情绪，如教师平时对学生过于严厉，就可能会使评估结果失真。

相对应的是课程形成性评估，形成性评估是一个非常重要的评估手段，有助于教师在教学过程中收集教案和作业等资料，这些收集可以形成数据，用收集来的数据来做一些讨论，更进一步地研究。此外，教师还要学会换位思考，从学生的角度来审视课程教学情况。

第四节　跨文化交际视角下的高校日语雨课堂教学

一、雨课堂概述

雨课堂由学堂在线与清华大学在线教育办公室共同研发，旨在成为连接师生的智能终端，将课前-课中-课后的每一个环节都赋予全新的体验，最大限度地释放教与学的能量，推动教学改革。雨课堂将复杂的信息技术手段融入演示文稿和微信，在课外预习与课堂教学间建立沟通桥梁，让课堂互动永不下线。使用雨课堂，教师可以将带有慕课视频、习题、语音的课前预习课件推送到学生手机，师生及时沟通；课堂上可以实现实时答题、弹幕互动，为传统课堂教学中的师生互动提供了新的解决方案。①

二、基于雨课堂的高级日语课程教学探索

高级日语课程是日语专业的核心课程，涉及日语的听、说、写、读和译等多种实践能力的培养。这里使用的教材是上海外语教育出版社出版的《日语综合教程（第5册）》，该教材词汇量大、语法条目多，文章内容难度较大。再加上总学时较少等因素，以往的传统课堂教学模式很难完成教学任务。根据雨课堂教学平台的功能特点，我们将教学模式设计成课前导学—课上研学—课后思学的"三位一体"教学路线。

学生在课前通过雨课堂预习课件学习内化一级内容，课上通过学习汇报、辩论和成果展示等多样化的学习活动内化二级和三级内容，课后通过扩展阅读、个性化答疑和成果完善等环节进一步升华三级内容，逐步实现从低阶到高阶的知识目标、能力目标与素质目标。

（一）预习课件环节——在线直播教学的课前准备

主要围绕雨课堂系统进行课前阶段教学设计。教师利用雨课堂的功能，按照教学大纲的要求，根据教学目标、教学内容及学生实际情况，对知识点进行拆分，设计课堂互动主题、布置课下自主学习任务等，教师将传统教学课件改造为含有雨课堂元素的智慧教学课件。预习课件拆分成"词汇""语法""课文"三大部分。在制作课件时，主要在课前预习练习题及微课视频方面做足了文章。

1. 课前预习练习题

利用雨课堂的习题功能，在预习课件中制作各种类型的测试题，能够对学生所进行的自学、预习情况进行摸底和测试，检验学生自主学习的效果。了解学生的预习情况，掌握学生的薄弱之处以及学习偏差，在此基础上，对课程内容进行调整、设计，在线直播时更能够对重点难点进行侧重，避免重复，事半功倍。另一方面，学生通过习题，能够发现自己知识点的不足，在线学习时能够更加集中。

根据雨课堂的习题功能，我们将课前预习练习题的题型设置为主观题和单选题。主观题的题型为日汉互译，主要是词汇和语法在课文原句的翻译、造句及有关课文内容的思考题等；单选题集中在词汇和语法结构及阅读理解。

---

① 邱红艳，孙宝刚. 现代教育技术 [M]. 重庆：重庆大学出版社，2020：151.

2. 微课视频

我们充分利用雨课堂"插入慕课视频"和"网络视频"的功能,挖掘网络资源。雨课堂内置慕课视频资源有限,可用的不多。因此,我们尽可能通过互联网选择下载日本教师讲授的语法短视频,预先将知识点的相关视频上传至雨课堂"资料库",通过审核后插入课件。通过真实生动的画面,不仅能增加学生的学习兴趣,还能将语法教学和视听教学融为一体,提高学生的视听能力。

(二)课前导学环节——基于"雨课堂"的课前预习

我们在课前利用雨课堂的课件推送功能发放任务卡给学生,使其明确课前学习任务。任务卡上的任务既有全员任务、小组任务,还有个别学生需要完成的任务,体现出个性化需求。教师通过雨课堂数据监测和课程微信群监督学生学习情况,对学生课前提出的问题,采取个别辅导;共性的难点问题融入课堂教学。这种课前导学的模式不仅能够减少传统线下授课时在词汇、语法等基础知识所花费的大量时间,还能够逐渐培养学生自主学习的意识,促使学生在教学活动中自主去探索、去思考,达到最佳的日语教学效果。

(三)课上研学环节——"雨课堂"的直播课堂教学

高级日语课程线上教学大致由以下几个环节构成。

1. 上次课学习内容的检查

教师通过雨课堂课件设置的练习题,检查学生上次日语课学习的效果,并检查学生对其他知识的练习情况,确认学生对一级内容的内化。

2. 本次课预习内容的反馈

对学生预习自测题进行点评、解析,分析错误所在及原因;检查学生对日语课文内容预习的情况。

3. 学生课堂发言

学生(3~4人)针对任务卡布置的问题,发表自己的观点。教师对学生的发表情况进行总结,对其中出现的问题进行解答,由此帮助学生内化二级内容。

4. 重点、难点讲解

主要对学生预习环节所反映的薄弱之处,梳理出的难点、重点内容进行精讲。例如,先让学生朗读日语课文,然后对文章难点进行讲解。根据预习任务的要求,让学生发表段落分析、归纳文章大意和中心思想,然后予以总结。教师运用启发式教学,对于学生在课前提出的共性问题的深层内涵进行讲解。

5. 小组跨文化探究

安排学生以小组为单位讨论。利用雨课堂将相关的讨论词等话题进行投屏，展开讨论。讨论结束后，教师邀请小组代表发言，并做出评价，最后教师从"内容"和"形式"两个方面进行讨论总结，培养学生的环境意识。

6. 总结及作业布置

第一，完成课文读后感。第二，推荐补充相关的日语课外阅读资料。通过补充阅读，不仅能够增加日语的阅读量，还有助于学生感受伟人的人格魅力，实现励志、勤奋学习的培养目标。

（四）课后思学环节——线上教学的课后阶段

雨课堂的最大优势是每节课授课结束后都会提供本节课的学习报告，教师结束本次授课后，雨课堂会自动生成"课堂报告"，内容包括学生数据（优秀学生/预警学生）、习题数据（正确率、答题率）、课件数据、教学内容及教学设计与备忘等。利用雨课堂的各项数据，结合线上直播教学过程归纳总结学生学习情况，能够清楚地了解学生的掌握程度，把握教学效果，对于发现的问题，及时进行改进，修改调整教学方法和教学内容。基于雨课堂的日语课后思学分为如下步骤。

1. 教师考核记录

教师通过雨课堂生成的学生数据（到课情况、优秀学生/预警学生）、弹幕回答问题和习题的正确率等数据结合直播课堂上的协作表现等做出考核。

2. 阅读扩展

利用雨课堂课件，将优秀作品或以阅读理解的答题形式或以读后感的方式推送给学生，增加学生的日语理解能力、写作和逻辑思辨等能力。学生利用课余时间查找资料完成作业，以此来展示日语表达能力，巩固课堂教学效果。

3. 课后复习

通过雨课堂，课后可以成为课堂教学的有效巩固和延伸。学生可以随时利用手机等终端设备通过课程回放，复习直播课堂、课后的数字化的学习资源等教学过程，对所学日语内容进行深度反思，查缺补漏。

4. 交流答疑

师生通过雨课堂、课程微信群等方式交流答疑。教师利用雨课堂课件提出拓展话题，鼓励学生自由发表自己的意见，以此来培养学生的日语思辨能力。

第七章　跨文化交际视角下的高校日语技能教学策略

技能教学一般包含语言教学中的听、说、读、写、译五项语言技能，在具体教学过程中既要细化日语技能教学，又要区分这几种技能教学的策略。本章主要论述了跨文化交际视角下日语听力教学、跨文化交际视角下日语口语教学、跨文化交际视角下日语阅读教学、跨文化交际视角下日语写作教学、跨文化交际视角下日语翻译教学等内容。

第一节　跨文化交际视角下日语听力教学

一、高校日语听力教学的现状

（一）学生学习状况分析

1. 学生缺乏自主学习的积极性

高等院校学生在进校时，绝大多数人还习惯于在中学时代的"填鸭式"的教学方式，缺乏自主学习的积极性。在听力课堂上，这一点表现得尤为明显。由于在听力教学过程中，通常会涉及一些没有学过的新单词和新语法，所以在上课前，我们通常会要求学生提前自主学习，做好预习工作，但是真正能做到这一点的学生寥寥无几。大多数学生依然按照"填鸭式"教学法的那一套，等待着教师一字一句地把新内容教给自己。这样一来，日语听力课堂上，教师除了要教授听力方面的知识，还要花费大量时间讲解课本上新出现的语法和单词，造成课堂教学效率低下。

2. 学生缺乏"举一反三"的学习能力

众所周知，检验日语专业学生日语能力的重要衡量标准就是日语能力考试的成绩。伴随着日语能力考试的改革，日语听力作为日语能力考试的一个重要组成部分，越来越受到各个高等院校日语专业的重视，因此，日语能力考试的真题训练也成为高等院校日语听力课堂的一个重要环节。

在讲解日语能力考试听力真题的过程中，我们可以发现，许多真题都存在着相似或者相通之处，因此，在掌握了一定的日语听力答题技巧之后，必定可以将日语听力这一部分的成绩有所提高。但是，在日常教学过程中，我们发现，尽管教师在课堂上反复提醒学生，要提取听力材料中的关键信息点，要将重要的信息点记录下来，要努力将听力材料全部听完，不可半途而废……许多学生依然置若罔闻，不能做到"举一反三"，导致教师需要就同一个问题，反复强调多次，且教学效果依然不佳。

（二）教师教学状况分析

1. 拘泥于传统教学模式

由于教学条件限制等原因，目前，大多数高等院校的日语听力课堂依然保留着传统的教学模式，即"教师播放录音，学生完成练习，教师讲解练习"。这种传统的日语听力教学模式固然有其优点，但是在如今这样一个媒体发达的时代，并且教学对象基本为"95后"，甚至是"00后"，这样的教学方式就显得有些落伍了，不仅缺乏良好的教学效果，而且会导致学生越发地缺乏学习兴趣，甚至产生厌学的情绪。

2. 拘泥于单一教材，教学内容枯燥

大多数高等院校的日语听力课堂除了传统教学模式的保留，在教学内容方面也保留了传统，依然拘泥于一本教材，主要教学内容即为课堂练习，导致教学内容枯燥，缺少激发学生学习兴趣的内容。[1]

二、跨文化交际视角下日语听力教学的原则

（一）充足的文化输入原则

1. 给予声、像、图、文多种信息刺激

如今信息技术非常发达，我们可以将信息技术的优势充分发挥在听力教学

---

[1] 吴菡卿. 高职院校日语听力教学现状分析与思考 [J]. 创新创业理论研究与实践, 2018, 1 (19).

中。在听力课堂教学中，教师可以利用多媒体技术为学生提供声、像、图、文等多种形式的信息刺激。

（1）学唱日语歌曲可以很好地辅助学生的日语学习，特别是日语听力的学习。

（2）通过看电影等直观的方式也能纠正学生不标准的语音，并学习地道、自然的发音。

（3）信息技术的开发使许多日语听力网站应运而生，它们内容丰富、板块完善，为学生提供了一个充分体验视、听美感的平台。

这些方式可以有效地弥补传统教学手段的不足，可以在轻松、愉悦的氛围下激发学生的学习热情。

2. 将精输入和泛输入相结合

精输入就是精听。精听要求教师详细讲解听力中遇到的基本句型，反复播放难以听懂的部分，或者对学生难以理解的句子进行解释。在学生回答问题时，不要因为他们的错误而中途打断他们，而应该让学生换一种表达方式，这样才不至于引起他们的焦虑情绪。

泛输入就是泛听。泛听注重的是听的广度，讲究听大意和中心思想。因此，学生要力求做到在最短的时间内听最多的内容。要保证这一点，教师需要将听力材料的难度降低到一定程度，将生词量控制在百分之五以内，这样可确保内容的可理解性。

（二）引导学生重视语境原则

语境在一定程度上指的就是上下文，即听力材料中某个词或某个句子的前言后语。一个语言单位只有放在具体的语境中，它的意义才是真实的。语境包括文化语境，它是指听话者或者说话者所属的语言社团的文化。在跨文化交际中，人们总是习惯按照自己的文化标准来判断对方，这样容易造成误解。

日语教师应有意识地指导学生去提高听力技能，让学生利用文化语境来理解意义。实际上，学生之所以感到听力困难，主要是因为听力技能的薄弱。他们无法将零散的语言单位整合成有意义的语言事实，也不能将正在听的内容和自身已有的经验相结合。听力理解的过程其实就是预测、调整和证实语境的过程。预测便于学生确定有用的信息，进而可以有选择性地听，这样就大大地节省了时间。

（三）知识载体多样化原则

美国语言学家斯蒂芬·克拉申在"输入假设"中强调，只有当语言习得者理解语言输入时,语言习得与学习才能遵循自然顺序发展。克拉申的"可理解语言输入"包含以下三层含义。

第一,必须有一定的语言输入数量。

第二,语言输入应保持较高的质量,输入的语言必须纯正、地道。

第三,输入的语言应该为学习者所理解,即语言输入的难度既应适合学习者的水平,又应略高于学习者的水平,即达到所谓 i+1 的要求。

可见,可理解的语言输入对学好日语的重要性是不言而喻的。随着科技的发展,多媒体技术越来越多地运用于教学领域,教师应在听力教学中充分发挥多媒体技术的优势。

1. 日语歌曲

许多日语歌曲都具有曲调优美动听、歌词朗朗上口、意境耐人寻味的特点,很多人学习日语的兴趣都是从听日语歌曲开始的。因此,学唱日语歌曲反过来也可以很好地辅助日语学习,特别是日语听力的学习。

2. 日语广播

广播节目题材多样、体裁丰富,拥有取之不尽的听力资源。日语广播中的时事评论、新闻等内容可以增强学生对国际形势的敏感度,帮助他们及时更新信息。话题节目、流行文化节目和当代名人节目等能够培养学生的人文素养,提升其文化素质。总之,收听日语广播能使学生直接体会到日语的广泛用途,从而很容易激发学生的学习兴趣。另外,很多广播电台都增加了在线收听功能,这就使得利用广播来提高日语听力变得更加便捷。

3. 日语网络平台

互联网的开发与使用使许多日语学习网站尤其是日语听力网站应运而生,这些网站内容丰富、板块众多,为学生提供了一个充分体验视、听美感的平台。有的网站还提供一些易于操作的软件或功能,如在线词库、翻译工具等,以辅助学生的日语学习。

4. 日语影视剧

培养学生的跨文化交际意识是日语教学的目标之一,因而也是听力教学的一项重要内容。教师应利用现代教育技术合理引导学生关注日语国家的文化现象,提高学生对文化冲突的理解力。其中,为学生推荐教学影片、原版电视剧、原版电影是一个事半功倍的办法。

(四)完善有关语言知识原则

在很多情况下,学生不理解听力材料的内容,不是由于学生没有听懂单词或句子,而是由于欠缺与听力理解相关的知识。概括来说,这些知识包括情景语境知识、文化语境知识和语用知识，下面具体来分析。

1. 有关情景的知识

具体来说，情景语境包括以下两个方面。

（1）物理环境

物理环境对听力过程的各个方面都有影响。首先，环境决定话题。例如，在学校就很可能与学习有关，在医院的谈话内容多与看病有关。其次，环境决定语体。例如，公开演讲通常需要用较为正式的语言，与朋友交谈往往使用非正式语言。

（2）上下文语境

所谓上下文语境，是指交际过程中某一话语结构表达某种特定意义时所依赖的上下文，即听力材料中某个词或某个句子的前言后语。上下文语境常常有助于理解单词或句子等的具体意义。

2. 有关文化的知识

文化语境指的是交流过程中某一话语结构表达某种特定意义时所依赖的各种主客观因素。其中，客观因素包括时间、地点、场合、话题等；主观因素包括交际者的身份、地位、心理背景、文化背景、交际目的、交际方式、交际内容所涉及的对象以及各种与话语结构同时出现的非语言符号（如姿势、手势）等。

具体来说，教师可以从风土人情、文化词语、日语习语三个方面帮助学生了解日语国家的文化背景知识。

3. 有关语言应用的知识

除情景语境知识和文化语境知识外，适当掌握语用知识也非常重要，因为听者的语用知识会促进或妨碍其对听力语篇内容的理解。

学生应了解交际过程中交际者何时说话、何时不说、特定场合下说什么、如何开始以及如何结束会话。换句话说，听者应具有一定的社会语言学和语用学方面的知识，了解基本的会话规则。

综上所述，听力理解离不开情景语境知识、文化语境知识和语用知识。对这些知识特点的掌握和灵活运用既是提高日语听力理解能力必不可少的知识，也是培养学生日语交际能力的基础。[①]

---

① 许丽云，刘枫，尚利明. 大学英语教学的跨文化交际视角研究与创新发展［M］. 北京：中国商务出版社，2020：141-149.

三、跨文化交际视角下日语听力教学的方法

（一）多媒体教学法

多媒体是当前十分普及的一种教学设备，在使用过程中学生可以真实地看到画面，听到地道的语言，可谓是视觉与听觉的完美结合。多媒体教学法为学生创设了真实的外语学习环境。大学日语听力教学中教师可以利用多媒体教学法来导入文化知识内容。近年来，慕课教学作为一种在线教学与学习方式逐渐得到越来越广泛的应用。所谓慕课，即大型开放式网络课程，它并不是网络资源的简单堆砌，而是以主题的方式对教学资源进行的科学呈现，在大学日语听力教学中主要涉及以下几种形式。

1. 仿真对话教学

慕课视频教学由国外的交流者或者专业的日语教师进行日语听力对话训练，教师对此提出问题，并给学生们留出思考时间，这就可以有效增强学生对听力仿真训练模式的直观感受，并在由提问者与回答者构成的模拟现实情景中完成对话练习，提升听力学习效果。

2. 为学生的听力练习提供平台

慕课教学背景使海量资源能够以共享方式提供给学生，学生们只需登录就可以进行听力学习。需要特别说明的是，慕课平台的资源具有多元化、及时性的特点，学生在提高听力能力的同时，还可以开阔眼界、丰富知识、拓展思维。

3. 展开板块学习方式

为适应学生的不同听力练习需求，慕课教学将听力学习区分为多个板块，如询问咨询听力学习板块、基本家常用语板块、专业日语学习板块等。为满足不同专业学生的需求，专业日语学习板块还可进一步区分为企业管理日语听力板块、计算机专业日语听力训练板块、医学日语听力板块、旅游专业日语听力训练板块等。这样可以大大提升听力训练的针对性与实效性。

（二）背景讲解法

学生在听力练习过程中所遇到的问题有时候并不是学生没有听懂单词或句子所导致的，而是他们对听力材料中的一些文化背景知识缺乏了解。在教学过程中，教师需要为学生讲解这方面的内容，深化学生对听力材料的理解。

文化差异是制约听力理解的重要因素之一。长期以来，日语听力教学中的文化内容学习一直未得到充分的重视，这一方面严重忽视了语言的社会文化意

义，另一方面还导致了听力理解中的困难。因此，要想提升日语听力教学的效果，就有必要进行相关文化背景知识的讲解。

(三) 文化对比法

所谓文化对比法，顾名思义就是将所学习的第二语言的文化知识与本土文化知识进行对比，让学生在对比的过程中深入了解第二语言国家所具有的文化习俗与生活方式。如果本土语言文化知识与第二语言的文化知识大致相同，那么就可以产生正迁移作用，加快学生学习第二语言和文化的步伐；如果两种文化具有很多不同点，存在多方面的差异，那么学生在对比过程中就会产生鲜明的印象，从而避免负迁移作用的影响。不过，教师在运用文化对比法时需要注意以下几点。

（1）对比的内容不能只是一种表面形式，需要深入挖掘内部的含义。
（2）不仅需要对语言知识展开对比，还需要对非语言知识展开对比。
（3）在使用对比法时教师处于引导者地位，正确处理两种语言文化之间的关系，特别要注意避免学生产生文化偏见的心理。

文化对比法能够帮助学生克服语言学习过程中所产生的心理障碍，培养他们的文化素养。教师应该端正自己对某一种文化的态度，以客观、宽容的态度来对待异域文化，不能产生排斥外来文化的民族主义心理。另外，教师还需要对国外文化去粗取精、去伪存真，避免让学生在不做任何分析的状况下就全盘接受国外文化。[1]

第二节　跨文化交际视角下日语口语教学

一、高校日语口语教学存在的问题

(一) 传统教学模式枯燥生硬

传统的教学模式十分陈旧生硬，教学方法也单一枯燥。"粉笔+黑板"的传统课堂教学存在形式单一、内容枯燥、气氛沉闷、信息量小、节奏缓慢、效

---

[1] 李春兰. 跨文化交际理论应用于高校英语教学的实践研究 [M]. 徐州：中国矿业大学出版社，2018：77-79.

率低下等问题。大多数的课堂教学以教师单一讲述为主，学生机械、被动地接受知识，而教学方法也主要是翻译式的教学，教师单方面灌输，学生却得不到开口锻炼与表达的机会，因而导致教学的实践性不强，教学效果不理想，学生口语水平得不到实际性的提高，也丧失了对日语学习的兴趣，极大地影响了日语教学的发展。生硬的说教让课堂效率事倍功半，学生开口讲日语的机会不多，缺乏交流互动的环节，明显制约了学生口语表达能力的提高，接受理解起来也存在很大困难，既达不到既定的教学目标，也不利于学生的学习发展。

（二）应试教育导致对口语教学的不重视

考试是教学的指挥棒，对教学具有重要的导向作用，而我国的现状还是应试教育称王，素质教育没有得到很好的发展，这就导致在实际教学中考试考什么，课堂就教什么。长此以往，日语的听说教学，尤其是口语教学越来越被忽视。究其根本原因，就是在课堂教学中，教师把大部分精力放在了日语知识与书面语言的传授上，着重培养学生做题应试能力，很少设置口语教学环节，更不会开设专门的口语课。高校对日语的考察只设置了一个独立的口语考试，并没有硬性要求，因而得不到学生的重视，甚至不为学生所熟知，使学生形成了口语不重要的错误心理，从而忽视了日语口语的学习。

（三）缺乏口语学习锻炼的环境

所谓近朱者赤、近墨者黑，环境对一个人的影响是潜移默化且深远持久的。我国的大部分学生是在单一的汉语环境中长大，母语的学习对我们的影响根深蒂固，而日语的学习只在每周固定的几节课上，除了这些有限的学习时间，学生几乎就没有接触日语的机会。即使在这有限的日语课堂上，学生也很少主动开口讲日语，大部分时间是在听老师讲知识和背记日语法则，在这种环境下学习日语，口语水平得不到应有的锻炼，对语言能力的发展也有很大的限制。缺乏口语学习锻炼的环境，让学生羞于开口，越口语不好越不愿意开口锻炼，越不开口水平就越得不到提高，陷入恶性循环的怪圈，甚至形成开口讲日语的心理障碍，严重阻碍了正常的交流和口语能力的培养。

（四）教学内容设置不合理，师资力量不充足

大部分高校的教学内容设置不合理，日语教材缺乏明晰的教学目标及连贯性，内容简单、形式单一，有很多阅读教材，口语交流的章节却设置不够，达不到专业的要求。在教学的安排上也是重理论、轻实践，重书面，轻口头，忽视了口语能力的培养，千篇一律的教学内容与方法也无法调动学生学习的积极

性，阻碍了口语教学质量的提高。此外，高校的课程理论研究也相对落后，制约与影响了教学质量。与此同时，随着我国教育的迅猛发展，学校规模不断扩大，学生数量急剧膨胀，使得日语教师严重缺乏。而且很多日语教师虽然自身有很强的应试能力，但口语表达的水平却有限，无法更好地引导学生，而且许多日语教师年龄小、经验少、职称低，使整个教学队伍无法形成合理的教师梯度。

二、跨文化交际视角下日语口语教学的对策

在经济全球化和信息化飞速发展的背景下，只有将高校日语口语教学纳入跨文化交际的视角下，才能更好地实现高校教育的人才培养目标，为产业的转型升级更好地提供人才保证。要保证高校日语口语教学的有效性，必须不断提升学生的跨文化交际能力，我们提出以下三点对策：

（一）同时进行口语训练与学习日语国家文化的相关知识

日语的口头交际能力和跨文化交际能力是相互渗透和融合的，两者是依存关系。因此，在高校日语口语教学中，要贯彻这一重要认识，把口语训练与日语国家文化的相关知识学习结合起来，尽可能使两方面的学习能够互相促进，融会贯通。文化是一个非常抽象的概念，要了解一种文化，只有从点滴的文化现象着手。在日常的教学中，对于与中国文化有差异的各种具体的细节方面的知识点，都应该通过口头讲解和书面阅读的方式促使学生有尽可能体验性的认识，不遗余力地帮助学生建立起一种情景，通过多种手段帮助学生借助中外的对比加深认识。文化没有优劣之分，中国文化历史悠久，有着独特的思维方式和丰富多彩的习俗，而日本文化有着自由开放的价值观。在教学中，帮助学生用全球性的眼光看问题，能包容不同文化的差异，既看到中华文明和中国文化中的宝藏，又能正确地看待日本文化的合理性。

（二）创造语言环境，重视文化导入

在高校口语教学中要引导学生克服中国文化对学习的不利影响，帮助学生改变固有的思维方式。要通过丰富的课内外教学活动的组织，给学生营造较为全面的日语语言和文化环境。建议学生多利用互联网，广泛地阅读相关资料并展开讨论和分享。此外，除了教材以外，推荐和指导学生借助于日语原版影视和歌曲等多媒体资源，有目的、有重点地感受丰富多彩的日语国家文化。这里值得指出的是，对多媒体材料要做好甄选工作，避免日本错误价值观的影响，而且尽可能多选取一些和学生未来的职业相关的资料，使学生通过模仿和操练，潜移默化地提升职场的跨文化口语交际能力。

（三）利用文化差异

在教学中通过对比分析的方法，生动形象地展示中国文化和日本文化之间的差异。语言文化差异贯穿在学生的日语口语学习过程的始终，教师要鼓励学生在平时的学习中积极主动地进行思考，自己努力地体会文化的差异。

（四）充分利用多媒体辅助教学以及网络日语学习资源

课堂教学是一门活的艺术，教师面对的是一群有血有肉、有思想、有活力、潜力无穷的未来世界的创造者，千万不可把学生教"死"了。教学方法要实现多样化，演讲、会话、短剧表演、讲座、展览等，课堂上应该利用多种渠道、多种手段吸收和体验异国文化。多媒体和网络资源信息量大和速度快的优势可以帮助教师传递大量的信息，给学生提供多种形式的训练方法和更多的语言实践机会，有利于语言运用能力的提高。同时，它具有语言、画面、音响三结合的特点，能使声音和形象相结合，语言和情景相结合，视觉冲击力和听觉感染力相结合，可以把社会带进课堂，学生既可以看到形象的动作、姿态、表情，又能听到纯正的现场语言交际，有身临其境之感，仿佛置身于外语环境之中，能轻松地进入语言活动的现实情景，而这种真情实感又是语言使用者所必需的。学生通过观看日语原版影视作品，能直观地了解日语国家的生活方式、社会文化习俗和礼仪、思维方式以及价值观（包括审美观）等，从而培养学生在实际交流中应具备的跨文化意识，增强他们的跨文化交际能力。同时针对相关的视频材料，教师要鼓励学生利用多种渠道、多种手段，吸收、体验并积极地发现其中的文化差异。将学生分成小组，每周给他们一个有关文化方面的话题，例如，中日节日及其欢度方式比较、中日教育体制比较、中日着装方式比较等，要求利用课余时间通过网络、书籍等各种手段查找所需的资料，最后形成书面文字并在小组间和全班进行交流。

（五）重视非语言交际能力的培养

非语言交际是一种重要的交际方式，是在特定的情景或语境中使用非语言行为交流和理解信息的过程，它们不是真正的语言单位，但在生活和交际中有时候却能表达出比语言更强烈的含义。信息影响总量=7%口头语言+38%有声的语言+55%面部表情。中日文化背景下的非语言文化内涵差异非常大。一些非语言行为在不同文化背景下往往表示不同的含义，在跨文化交际中必须加以重视，从而达到成功交流的目的。

第三节　跨文化交际视角下日语阅读教学

一、高校日语阅读教学现状

近年来，我国高校日语教育在课程改革的大背景下已经取得了长足的进步，但在实际教学过程中仍然存在着很多问题。主要表现为：一是部分高等院校忽视学生跨文化交际能力的培养，从而导致学生对日语学习产生抵触心理；二是一些教师没有充分发挥阅读教学在高校日语教学中的作用，忽视了学生跨文化交际能力的培养；三是学生阅读水平普遍偏低，缺乏对日语学习的兴趣及积极性。尽管这些问题在一定程度上限制了高校日语阅读教学的发展，但其并不能成为阻碍高校日语阅读教学发展的理由。我们应该坚持以人为本，充分发挥高校日语教学自身具有的优势和特点，同时结合学生自身学习需求及个性特点开展教学活动。跨文化交际视角下对高校日语阅读教学进行改革是顺应时代发展需要，是教育发展的必然要求，同时，也能进一步促进高校日语教学水平和质量的提高。然而，就目前情况来看，我国高等院校在日语教学过程中忽视了学生的跨文化交际能力的培养，所以这也是导致我国高校日语阅读教学难以取得突破性进展的原因。为了解决这一问题，我们应该深入调查分析。首先，在高校日语教学过程中应该更新教育理念。教师要树立以人为本的理念，以学生为主体地位开展教学活动，同时注重培养学生跨文化交际能力。只有这样才能更好地提高学生的综合素质并促进学生全面发展。其次，要充分发挥教师主导作用，科学合理安排阅读教学过程。教师在教学过程中应该引导学生自主学习及探究能力的提高，从而促进学生自主学习能力和综合素质的提升。再次，教师要创新教学方法和手段，丰富教学内容，提升学生参与度。在高校日语阅读教学过程中，教师应该改变以往教学方法及模式，通过创设一定的课堂学习环境和氛围来吸引学生参与到教学过程中来。[1]

二、日语阅读中跨文化意识培养的必要性

跨文化交际是指具有不同文化背景的人从事交际的过程。不同的文化背景

---

[1] 王丽娟，卓晓华. 跨文化交际视角下的高职英语阅读教学［J］. 海外文摘·艺术，2022（21）.

在语言因素上体现在词汇、句法、篇章结构等方面,而在非语言因素上则体现为不同的价值观、思维方式、社会习俗等方面。作为日语学习者,大部分学生缺少直接接触跨文化知识的机会。因此,日语阅读是跨文化外语教学中必不可少的部分。

在传统的日语阅读教学中,无论是教师还是学生,都认为掌握词汇量和语法知识是提高阅读效果最根本的途径。然而,不少学习者都遇到过这种问题:在阅读文章之前,学习者把所有的生词和语法知识都通过查词典等相关方式学会了,但读完文章后仍然是一头雾水、不知所云。这便是由于读者的知识体系中虽然具备了语言知识,却缺少了跨文化知识作为支撑。语言知识可以通过查阅词典或书籍等相关手段得到解释,但学习者缺少日语国家的社会习俗、历史典故、风土人情等跨文化知识,就会直接影响日语阅读教学的效果。因此,跨文化意识的培养在日语阅读教学中是非常必要的。

三、日语阅读中跨文化障碍的体现

影响跨文化交际的因素包括语言行为、副语言行为以及非语言行为。由于日语阅读过程是学习者与作者之间通过文字材料进行的跨文化交际,缺少了交际的语境,因此日语阅读中的跨文化障碍主要体现在语言行为上,即词汇、俗语和语篇层面。[①]

(一)词汇

就语言要素与文化的关系来说,词汇是关系最密切且反映最直接的要素,语法次之,语音与文化的关系最不密切。有些词汇不仅具有通常的指示意义,还具有隐含意义,即承载着深层的民族文化内涵。

除了一般词汇所蕴含的文化差异外,日语阅读者遇到专有名词时也会产生困惑。由于受日本文学作品或历史政治事件所影响,日语中有不少的人名或地名都被赋予了深层的文化内涵意义。如果日语阅读者不了解日语国家的文化背景,在阅读时就无法准确地理解相关词汇的含义,从而影响日语阅读的效果。

(二)俗语

俗语是民间流传的通俗语句,人民大众根据本民族特有的地域文化或历史文化所创造出来的语句,包括俚语、谚语及口头常用的成语。在地道的日语文

[①] 姚娟,徐丽华,娄良珍. 高校英语阅读与翻译教学多维研究[M]. 天津:天津科学技术出版社,2021:23-24.

章中，俗语经常出现，如果不了解这些语句背后的文化，就会产生误解。

如若中国学习者缺乏日语国家的文化知识，在阅读日语文章时则无法准确理解这类俗语的含义，影响日语阅读学习的效果。

（三）语篇

学习者在阅读日语文章时不仅需要了解词汇俗语等要素的文化知识，还需要了解整个篇章结构和语篇所涉及的文化背景。中日思维模式的不同会引起交际风格的不同，中国人是螺旋式思维，写文章时通常会采用归纳法，即先陈述事实材料，一步步靠近主题，在文章结尾再明确提出自己的观点；而日本人是直线式思维，写作时则会采用演绎法，即在文章一开头便明确摆出自己的观点，接下来的部分则是对论点的一一论证。这种不同的思维模式引起的篇章结构不同，会让中国学习者阅读文章时感到困惑，找不到作者的主要思想所在。

此外，缺乏对语篇所涉及的文化背景知识的了解，也会使阅读者感到迷茫。如果学生不了解相关文化背景，在阅读涉及这方面的日语文章时就会产生障碍。

四、日语阅读中跨文化障碍的解决策略

如何有效地解决日语阅读中的跨文化障碍需要教师和学生的共同努力，教师在阅读教学中应注意培养学生的跨文化意识，注重相关文化知识的导入，培养学生的日语阅读能力；而作为阅读者，学生应对跨文化知识树立正确的态度，提高自身的跨文化敏感性，增强自主学习跨文化知识的能力。

（一）教师在日语阅读课堂上应进行相关的文化知识导入

教师在阅读教学中进行相关的文化知识导入时应遵循以下几个原则，即系统性、紧密性、实用性以及实践性。由于跨文化知识涵盖面广，内容繁多，而教师的课时又有限，因此，在阅读教学中导入文化知识时应制定一个系统的、全面的、循序渐进的教学计划，并结合学生的实际水平有选择性地、分阶段地进行教学。

1. 阅读前——相关文化背景的介绍

相关文化背景知识包括社交礼仪、社会制度、历史地理、节假日、名胜古迹、宗教信仰等诸多方面，这就要求教师自身首先具备跨文化敏感性，且具备相关跨文化知识。在介绍文化背景时教师可以采用对比法，对比中日方文化的差异，帮助学生提前理解阅读材料，也可以采用多媒体手段，收集相关文化背景素材，以更直观的方式呈现给学习者，进而帮助学习者更好地完成阅读目标。

2. 阅读时——词汇、俗语及语篇的文化导入

词汇方面的文化导入主要采用比较法，通过比较中日词汇背后的文化内涵，帮助学生理解并记忆词汇。俗语方面的文化导入可以采用观看相关视频或讲故事的形式，使学生更加直观深刻地了解中日俗语的文化差异。对于篇章结构上的文化差异，教师可以引导学生进行分组讨论，进而加深学生对中日思维模式及交际风格差异的理解。

3. 阅读后——跨文化知识的巩固

阅读后，教师可以让学生进行一些实践性的训练，以便巩固学生的跨文化知识，使学生能够熟练掌握并运用阅读所学的语言知识及跨文化知识。教师可以采取口头和书面两种形式。口头练习包括让学生角色扮演，在对文章的理解基础上，增加跨文化交际中的非语言行为，使学生更加深刻地理解文化差异并提高其跨文化交际能力；也可以通过口头复述的形式，让学生不仅掌握文章中的文化知识，更加锻炼了表达交际能力。教师还可以鼓励学生用所学文化知识造句、翻译或者写作，培养学生的创新能力和书面表达能力。

(二) 学生应增强自主学习能力，积极主动地解决日语阅读中的跨文化障碍

作为日语阅读者，学生首先应当正确认识阅读过程中存在的跨文化因素，树立自身的跨文化意识，用平和包容的态度去了解学习跨文化知识，提高自身的阅读能力。这要求学生做到以下几点：

1. 具备扎实的语言知识

扎实的语言知识是进行有效阅读的必要条件，能够直接影响阅读的效果。因此，日语阅读者在阅读课前应主动地查阅文章中的相关词汇、语法、段落篇章结构等语言基础知识，此外，阅读者还应掌握有效的阅读技巧和阅读策略，从而在阅读时迅速抓住文章主旨并获取主要信息。

2. 树立跨文化意识

除了相关的词汇、语法、段落篇章结构等语言基础知识，阅读者还应具备较强的跨文化意识和较高的跨文化敏感性，在阅读文章时能够意识到跨文化现象的存在，并能够用客观、理性、平和的态度去接触、了解，进而学习跨文化知识。在阅读过程中，学习者应尽量避免使用汉语的思维模式去理解日语文章，尽可能深刻地理解不同的文化知识，弥补自身跨文化知识的匮乏。

3. 增强自主学习能力

具备了跨文化意识和跨文化敏感性，学习者还应增强自身的自主学习能力，以补充有限的课堂学时。要想真正提高学生的日语阅读能力，仅仅依靠教

师在阅读课上的讲授是远远不够的，学习者在课上学习了跨文化知识后，应在课后及时地对所学内容进行温习和拓展。可以采用上网查阅相关资料、阅读日语原著、观看具有文化内涵的影片等手段拓宽文化知识，提高阅读能力，进而提高跨文化交际能力。

第四节　跨文化交际视角下日语写作教学

一、大学日语写作教学现状

日语水平的高低很大程度上取决于书面表达水平。我们都知道日语写作是日语综合能力的重要体现，是日语教学中的一个重要方面。而目前无论是非专业还是日语专业的学生，写作现状都不容乐观。

首先，虽然学生掌握了一定的词汇量和语法知识，具备了一定的日语写作知识，但是写出来的作文却明显受到汉语的影响，完全不符合日语的思维习惯和表达习惯。中国人看了也许明白他要表达的意思，但是外国人完全看不明白。究其原因，往往是学生忽略了中日思维差异和其导致的表达差异，按照汉语思维模式进行日语写作。受其影响，学生的作文结构大多为"圈形"，即表达观点之前有大量的"铺垫"。然而地道的日语写作是"线性"篇章结构，即直接表达观点，之后的论述都围绕此观点展开。一般来讲，日语文章每段开头要有主题句。意识到日语不同于汉语的语篇布局，学生经过不断练习，对日语写作的结构逐渐有了了解并能较准确地应用。但是由于阅读量严重不足，加之语言基础较弱，对日语写作没有兴趣，导致大量错误的句子出现，错误根源主要在于不能避免汉语思维，甚至逐字翻译，不但不符合日语表达习惯，而且有严重的语法错误。我们认为，解决的办法就是要让学生了解文化及思维差异导致的中日语表达差异。此外，增加课外阅读量也是有效的途径。读得多了，自然能够接触到更多更准确地道的表达，从而提高写作水平以及日语综合能力。

其次，学生在用词、造句及句法等方面经常犯错，如用词不当、词性混淆，以及主谓不一致等；表达方式单调贫乏，由于过多的应试训练和应试教育的影响，许多学生只是机械记忆大量句式、结构和范文，又不会灵活运用，融会贯通，因此作文缺乏自己的观点，结构不清，论点不明、举例不当、内容贫乏。作文中另外一个较严重的问题是很多学生不善于变化句子结构，大量使用简单句，甚至每个句子的主语都一样，虽然没有语法错误，但读起来枯燥乏味。而且句子间、段落间缺乏连贯性和逻辑性，读起来莫名其妙，不知所云。

二、跨文化交际视角下大学日语写作教学的方法

（一）输入与输出的互补

输入和输出是日语学习的两种重要形式。"读"是语言输入的一种方式，而"写"是语言输出的一种方式。输入是输出的基础，所以读是写的基础。因此，教师在日语写作教学中要注重输入和输出的互补，使二者相得益彰。

"读"能够为"写"提供必要的语言材料，对学生的写作灵感给予理性的启迪。只有头脑中存储着写作的各种词汇、句子和衔接方式方面的素材，才能轻而易举地进行日语写作。各类体裁的阅读材料提供了许多功能各异的句子框架，这些素材的输入为日语写作奠定了坚实基础，加快了学生产出作文的速度和效率。另外，学生只有进行了大量的阅读，才能提高自己的日语语感，并不知不觉地养成日语思维习惯。在日语写作中，有些学生感觉某种表达方式非常自然、妥帖，但是说不出所以然，这就是语感给学生带来的效应。

（二）技巧的改善

日语写作技巧的改善是一个永恒的话题，教师应始终注重学生写作技巧的培养。大学日语写作教师具体可以从以下几个方面着手。

1. 构思方面

只有经过构思，作者才能对作文有一个整体的把握。构思是写作的基础，需要贯穿于文章写作的始终。构思的方式包括如下几种：第一是思绪成串式。学生用圆圈的形式将写作主题在纸上呈现出来，然后列出与主题有关的关键字，同样以圆圈的形式表现出来，并进行总结归纳，最后确定写作思路。第二是自由写作式。学生对作文题目展开自由而丰富的联想，然后及时记录自己的想法，并从中挑出有用信息展开写作。第三是五官启发式。学生的五官都会接收到一定的信息，学生需要整合这些信息，然后提炼出对写作有用的信息。

2. 开篇方面

好的开端是成功的一半。开头是读者对作文的第一印象。第一印象往往给人的感受最深刻，并影响之后的看法。文章开头如果写得好，可以引人入胜，大大激发读者的阅读兴趣。常见的文章开篇方法包括以下几种：第一，名言名句导入式。谚语、格言富有深刻的哲理，用在开头可以有效吸引读者的目光。第二，故事导入式。在文章开篇讲一个生动的故事，读者的抵抗力明显降低。第三，比较、对比导入式。人们在心里时常进行着对比，在开篇运用对比能够

引起读者对结果的好奇心和深思，因此常用于对某种现象的突出和强调。第四，开门见山式。这种开篇方式常见于日本人的作文中，因为日本人多为直线型思维。开门见山的开篇方式爽快、直接，比较容易赢得好感。第五，问答导入式。这种开篇方式在于通过提问引起读者的好奇心，问答导入实际上就是自问自答。提问也是有技巧的，要多问人们急于知道的问题。第六，定义导入式。当文章要描述一个新的概念或事物时，可以在开篇就给出定义，这样读者就在开端打通了障碍，也比较好理解。定义导入式常用于说明文或科普类文章。

（三）有效的模仿

中国学生由于习惯性的汉语思维方式，常常采用翻译式写作，即先用汉语思考，然后进行汉译日。这种方式降低了写作效率。

仿写就是解决这一问题的一种途径。通过仿写，学生可以积累写作素材，了解日语写作模式。

另一种解决途径就是运用语块来进行写作教学。本族语者存储的是各种情景下搭配的语块。一旦需要这些语块，就能直接提取，不需要对一个个的单词进行加工处理、排列组合，这提高了语言输出的速度和质量。基于语块的写作教学包括两个层次。第一种层次是较低的层次，即进行中日互译、运用语块复述课文等。第二种层次是较高的层次。教师可以先将学生分成几个小组，然后组织学生讨论课文，教师应指导学生识别不同功能的预制语块，最后进行写作。这就可以节省从思维到词语再现整个认知过程中的努力，减少了临时的结构分析和组合，而主要聚焦于更大的语言单位和语篇结构的层面上。文章的起承转合都有相应的语块形式，这是学生可以选择的素材。熟悉这些语块，可以加快语篇组织的速度，加强语篇的条理性。①

---

① 郭晶晶. 跨文化交际与英语教学的融合研究［M］. 北京：北京工业大学出版社，2019：184-186.

第五节　跨文化交际视角下日语翻译教学

一、翻译在日语教学中的作用

（一）发挥母语的正迁移作用

1. 母语正迁移的作用

在日语教学中，我们要正确认识母语正迁移的作用，充分发挥正迁移的作用。

（1）母语是我们学习日语的起点，只有把母语学好了，在母语知识的帮助下，我们才能对日语学习中的知识有正确的理解，才有学习语言知识的基础，也才能积累日语学习的经验。学生日语学习的差异很大程度上和母语学习的差异有很大的关系。母语的正迁移作用，还表现在学生对日语的认知理解过程中，母语表达能力出众、逻辑思维能力强、语言反应敏捷的学习者往往也拥有更好的日语表达能力。

（2）日语教学中必定要讲到日语的语音现象、语法规则、日语时态等日语学习原则问题，这些规则都需要学生用母语的思维来理解。日语抽象词汇的学习中，也要用到母语的解释，这样学生可以比较容易准确地理解，有利于学生对词汇的学习。日语教学中课文的讲授，也常常会用到母语翻译，而汉语翻译在日语课文学习中也会起到正迁移的作用，有助于学生对课文的理解，加深学生对课文的印象。

2. 母语正迁移的发挥

语言与人类的思维是紧密联系的，语言也是人类思维表达的方式，人类的思维和语言都有各自的共性。学生在母语基础上学习第二种语言的时候，母语的知识和习惯会不自觉地应用到目的语语言的学习中，会对目的语的语法、阅读和写作产生一定的影响。这就是所谓的母语正迁移的条件和规律。认识到语言的共性以后，就应该充分调动母语的优势来学习目的语新语言，找出他们的共性，找出规律。

发挥母语的正迁移在日语教学翻译中的作用，主要是运用对比的方法学习两种语言，通过其共同性和差异性更好地学习语言。汉语的思维方式和日语的思维方式是完全不同的，在翻译中体现得尤为突出。我们要克服这种语言模式的心理障碍，利用两种语言模式的连通性，建立新的语言联系系统，利用翻译学习好语言。

3. 母语的干扰

母语的干扰，发生在学习的初级阶段，在中高级的日语学习中，母语的干扰是有限的。学生学习日语，他们的母语知识是客观存在的，他们总会有意无意地与自己的母语比较。在日语翻译教学中，教师要指导学生有效地防止这种母语的干扰，通过翻译活动，分析对比两种语言的相似之处、难点和要点，就能有效地利用母语的正迁移作用，使学习收到事半功倍的效果。

（二）提高教学效果

翻译在日语教学中的作用，还表现为翻译是日语教学中一种重要的、有效的教学手段。翻译应用于日语教学中，可以提高日语课堂教学的质量。

1. 促进教学内容的理解

在日语教学中，学生的理解力很重要，翻译能够保证学生准确地理解日语词汇和句子的含义，这样所学的日语知识才会牢固，也便于学生记忆。

在日语教学中，翻译教学要根据具体的情境运用不同的实践教学，对于一些日语词句用日语解释不通的时候，可以借助翻译，学生可以一目了然地明白日语的意思，有效地理解日语的文体风格，还可以使记忆更加持久。

2. 加深文化内涵的理解

学生的日语学习，就是通过对语言材料中语言结构的理解和掌握，进而体会、分析语言材料中反映出的跨文化的内容，并与母语作比较，感受到外国文化的熏陶。翻译是跨语言、跨文化、跨社会的交际活动，其过程不仅是语言的转化过程，而且是反映不同社会特征的文化转换过程。

在日语教学中，应用翻译手段和中日语对比，可以使学生更加清晰地理解跨文化内容。学生从汉语的语言和文化等相关知识中，可以体会日语中语言文化的表达，更加深刻地认识到中日文化和习俗的差异。这样可以开阔学生的视野，加深他们对文化内涵的理解，提高学生的综合文化素质。

（三）增强学生的综合语言能力

日语翻译教学的总体目标，是要培养学生的综合翻译语言运用能力，包括翻译的口语化、知识性、逻辑性和美感性。这些翻译能力的形成，是建立在学生平时的翻译技能、综合知识、情感态度和文化意识的基础上的。学生在翻译学习中,要有较强的中日语言运用能力,还要有自主学习能力。

1. 口语化能力

翻译的口语化,也是语言学习的基础。日语翻译学习也是日语学习的一种方式,可以培养学生的听、说、读、写、译的综合语言能力。翻译中的口译首先要在听和说的基础上进行,而口语化的翻译更能被人们所接受。

翻译具有口语体的语音特点,我们在翻译中尽量使用通俗易懂的口语直接翻译,引导目的语读者对所翻译的文体有基本的了解和直观的印象,使目的语读者感受到亲切自然的翻译。翻译的语言简明扼要、通俗易懂,不仅具有很好的表意传情的功能,还能产生铿锵有力的效果。

日语翻译的句子结构不能过于复杂,另外,有些词语文学气息过于浓重时,要在句法和词语上做出调整,以使其更容易被读者接受和理解。

2. 增强文化意识

翻译教学中的语言运用能力,需要文化意识的保证。文化意识包括中日文化差异知识、文化理解和跨文化语言意识。在日语教学中,文化主要是指日语国家的历史、地理、风土人情、传统习俗、生活方式、文学艺术、行为规范和价值观念等。

日语翻译教学的任务是培养在具有不同文化背景的人们之间进行交际的人才。翻译是语言的翻译,更是文化的翻译。从翻译的特性和过程看,翻译活动有助于提高学生对文化的敏感度,增强跨文化的交际意识,提高学生的翻译能力。

翻译要求译者不仅要有较强的遣词造句功底,还要有广阔的视野,能够对翻译文本中涉及的历史、人文和宗教等因素进行翻译。在翻译中,主要应注意文本中涉及的人文因素和文化内涵。[①]

二、传统日语翻译教学现状

自 1972 年中日恢复邦交正常化以来,两国之间开始了频繁的政治、经济、文化往来,随之中日两国对日语人才的需求也日益增多。日语翻译课程是大学本科日语专业的核心课程之一,国内许多高校均将"日汉互译""日语翻译""日语口笔译"等翻译课程开设在高年级阶段,课程设置的目的是使学生掌握

---

① 刘锦芳. 当代英语翻译与教学实践创新研究 [M]. 北京:北京工业大学出版社,2019:34-40.

日译汉、汉译日的翻译理论及基本技巧，并通过理论与实践相结合的方式提高学生实际运用日语的综合能力。但是在传统的日语翻译课堂上，对学生跨文化交际能力的培养不足，导致学生在实际应用过程中出现语用能力差、用词失误等情况。

（一）教学模式单一陈旧

我国传统教学模式以教师讲授为主体，缺乏师生间的双向交流、互动。受应试教育体系、课时有限等因素影响，日语翻译教学也不例外。课堂上教师就某一翻译理论、翻译技巧进行讲解，随后出示例句，与学生一边做翻译练习一边做解释说明。教学过程中，学生自主学习意识不强，翻译课程所注重的实践性也难以保障，没有形成以学生为主体的教学模式。并且，在教学内容安排上注重语音、词汇、语法等语言知识的积累，对语言背景和文化涉及不多。不仅是日语翻译课程，整个日语教育体系也呈现出"重语言训练、轻实际功能、轻文化传授"的特点，课程设置比较单一。虽然我国高校日语专业对人才培养中文化要素的重视程度日益增加，但是与英语、法语等西方语种专业相比，在跨文化交际相关课程开设方面，日语专业相对落后。特别是在低年级阶段，以语言类课程为主，人文类课程设置不多。许多高校开设了日本社会文化、日本概况、日本国情等课程，但是与基础日语、高级日语等语言类课程相比受重视程度不高，课时分配也较少。课程内容安排过于单一，导致学生虽然能够翻译出正确的语句，但却难以在特定的语境下进行顺畅的交流，与具有跨文化交际能力的高素质人才的培养目标尚有一定距离。

（二）专业教师队伍缺乏

日语专业学生获得翻译理论与技巧的主要渠道是课堂。并且，与英语专业不同，大部分日语专业学生是在进入大学后才开始学习日语的，日语基础相对薄弱，对教师与课堂的依赖性更大。因此，翻译课程教师队伍的建设显得格外重要。作为翻译课堂主导者的教师，既要具有较高的双语能力，又要具有丰富的日本社会文化知识。就目前高校日语专业翻译课程授课情况来看，部分授课教师非翻译专业出身，需要在课堂教学实践中边授课边摸索教学方法、积累教学经验。并且部分教师缺乏在日本留学、工作、生活的经验，虽然具有扎实的日语语言知识，但是对日本社会文化的体验与理解不够深入，跨文化交际方面知识储备不足。只有教师具备较高的语言能力与跨文化交际能力，才能游刃有余地开展翻译教学，部分高校日语翻译课程师资队伍的能力与水平还有待加强。

（三）语言环境缺失

任何语言的学习都离不开语言环境，语言环境包括两个方面——课堂语言环境和社会语言环境。在课堂语言环境中，学生在教师的引导下接受系统的日语翻译训练、习得翻译理论与技巧。目前，中国日语学习者的语言环境主要来自课堂，与课堂语言环境相比，社会语言环境缺失。特别是一些地方非外语类院校，学生很难接触到日本留学生，平时能够进行交流的日本人只有外教。一些高校受地理位置等因素制约，在招聘日语外教时会遇到困难，甚至出现无外教的"空窗期"。此外，高校与日资企业、翻译公司等企业间合作交流不够紧密，学生缺乏实践实训机会。社会语言环境的缺失阻碍了学生跨文化交际能力、日语翻译实践能力的培养。

以上三方面的因素导致学生虽然掌握了一定量的词汇和语法，但是缺乏跨文化交际思维与翻译实践经验，有时会引起错误翻译或对翻译无从下手。相对于中国以农耕、畜牧为主的大陆文明，日本是以渔业为主的海洋文明，因文化背景、社会环境不同，对同一事物的描述，中日两国有时会采取不同的表达方式。如果学生不了解中日间文化差异，就很难做出恰当、精准的翻译。

三、跨文化交际视角下日语翻译教学改革策略

（一）改革教学模式

1. 转变教学理念

语言与文化是相互联系、相互作用的。教师要改变传统的教学观，认识到日语翻译课程的教学目标是既培养学生日语语言能力，又培养学生跨文化交际能力。改变日语教学"重语言、轻文化"的现状，在翻译课程中注重语言训练的同时，多融入日本社会、文化、国情等方面知识，培养文化理解能力和人文素养。

2. 改变教学方式

打破以教师讲授为主的"满堂灌""填鸭式"课堂教学，适当安排学生小组讨论、情景模拟、翻译发表等课堂活动环节，激发学生的主动性与积极性，锻炼学生日语翻译能力与交际能力。

3. 完善教学手段

国内日语学习者获取日语语言、文化知识主要是通过课堂，如何选定合适

的教材和教学资料是一个关键问题。这需要教师从实际出发，跳出原有教材模式，比较各教材内容、取其所长，适当加入反映当今社会发展变化的内容，进行教学设计、课件制作。通过文字、图片、视频、日本网站、时事新闻、日文原版书籍与材料、微课、慕课等多种教学手段，让学生切实感受到日本人的思维模式与交流方式，生动形象地为学生构造一个多维度、立体式的课堂语言文化环境。

（二）提高师资水平

跨文化交际过程中所涉及的文化差异范围广泛，国家间的价值观、思维方式、风俗习惯、道德观念、社会制度、行为方式等差异无所不在。这对日语翻译课程师资队伍的建设提出了更高的要求。有学者指出："转型期的日语教育者首先要提高自己的跨文化交际能力，把日语与运用日语科研结合起来"。这需要日语教师不断优化自身知识结构，不仅要研究传统的日语语言学、日本文学、日本文化，也要有相当一部分教师从事日本社会、日本经济、国情研究、对比研究等新领域的研究。此外，教师要注重自身语言能力和综合素质的培养，多参加文化讲座、翻译培训与学术交流等实践活动。接触日本最前沿的语言、文化知识，主动更新、优化自身知识结构，在与其他专家学者沟通中提高语言能力与交际能力。作为教师教学与科研的后盾，学校应该提供政策、资金等方面的支持，为教师创造参加外事活动或赴日交流的机会，开阔教师视野，增强其对文化的敏感度与跨文化交际能力。

（三）构建语言环境

日语翻译中出现的错误，有时并不是由于词语、语法表达不当造成的，而是由于异文化思维不足所导致的。为构建良好的语言环境，在课堂外，邀请外教共同开展日语角、日本文化节等活动，增加学生与日语外教的沟通交流，培养学生实际运用日语语言知识、异文化思维的能力。通过举办演讲比赛、翻译大赛等课外实践活动，锻炼、提高学生日语翻译水平及应用能力。中国教师与日本外教进行合作分工，衔接好课堂内外教学。此外，积极开展国际交流活动，邀请日方教师、日本留学生、日企工作人员参加本校交流活动，为学生构建跨文化交际的语言环境。有条件的学校应该为学生提供到日资企业、翻译公司进行实习的机会，在经济状况允许的条件下鼓励学生去日本留学。

全球一体化、"一带一路"等时代背景下，中日两国间的经济文化往来日益频繁，这对日语翻译人才提出了新要求，也为日语翻译教学带来了新课题。

跨文化交际能力的培养是高校外语教学的重要目标之一，也是现代大学生人文素养的一种体现。翻译是一门综合学科，教师要将翻译课程的"教"与"学"有机融合起来，语言教学与文化教学双管齐下，提高学生跨文化交际意识与人文素养，培养适应时代和社会发展需要的复合型翻译人才。[①]

[①] 郭莉莉，王玉秀. 跨文化交际视角下日语翻译教学研究［J］. 海外文摘·学术版，2021（1）.

第八章 高校日语教学中学生跨文化交际能力的培养

学生的跨文化交际能力非常重要。本章首先分析了跨文化交际意识和跨文化交际能力等相关基础性知识，接着进一步探讨了高校日语教学中培养跨文化交际能力的必要性，论述了高校日语教学中跨文化交际能力培养存在的问题，最后详细地研究了高校日语教学中学生跨文化交际能力的培养路径等相关的内容。

第一节 跨文化交际意识和跨文化交际能力

一、跨文化交际意识

(一) 跨文化交际意识的内涵

人类的意识对行动起着引领作用。人们在跨文化交际中，只有首先具备跨文化意识，才能按照跨文化交际规则，对对方的行为有正确的理解，从而顺利展开交际活动。[1] 由于不同的文化存在明显的差异，个体与个体之间也存在差异，因此交际必然会遇到很多障碍。跨文化意识承认世界的多样化与不同文化形式，并且主张交际双方应该保持平等的姿态展开交流。可见，人们对跨文化意识的了解有助于当代社会与人的和谐发展。在跨文化交际中，跨文化意识主要体现在认知上，即对人的思维产生作用，并且这样的认知思维对个体行动有着重要的指导意义。另外，跨文化意识具有文化性，因此交际双方对自身文化

---

[1] 李红梅. 跨文化交际与口译实践融合研究 [M]. 长春：吉林出版集团股份有限公司，2022：7.

与他国文化的特征要注重探求与了解，从而提升交际理解力。

(二) 跨文化交际意识培养的内容

1. 师生双主体意识

教学的过程是作为"教"的主体的教师和作为"学"的主体的学生双向交际的过程，离开两主体的双向交际，而只局限于其中的任何一方，就难以有效达成教学目的，跨文化交际意识的培养也是如此。传统的教学模式往往只调整教师主体在教学中的主导作用，而忽视学生主体的积极性和创造性，这样会抑制学生的发展。因此，跨文化交际意识应该是一种双向的意识，使教师既是语言教师，同时还是文化教师，学生既是学语言的学生，亦即是学文化的学生。

2. 交际意识

交际是语言最基本的功能，也是外语教学的实质体现。跨文化交际脱离交际这一外语教学的核心，就失去了其存在的意义。假如教学中的师生两主体缺乏强烈的交际意识，即不从交际的目的以及交际的形式出发去理解和把握外语教学的全过程，势必会削弱教学基本功能的发挥，影响学生跨文化交际能力的生成和提高。从教学内容和教学形式上看，就会把注意力集中在纯语言知识的掌握或纯语言形式的教学上，而不去注重学生跨文化条件下综合运用语言能力的培养。因此，培养交际意识是教学的首要任务。

3. 文化对比意识

文化对比意识即对目的语与母语、目的语文化与母语文化进行对比的意识。唯有对比方能发现差异，才能够有的放矢地进行语言与文化知识的教学。对比不能仅限于表层的形式对比，还应该有深层的内涵对比；不仅要进行语言的对比，还要有非语言的对比；不仅要进行语言、非语言形式与意义的对比，还要作言语交际行为的形式与意义对比。对比的目的主要是发现异同，以便跨文化交流顺利进行。

4. 对文化敏锐的洞察力

语言或语言使用中包含着许多文化因素，有些是显性的因素，但更多的是隐性的因素，属于深层次的文化背景知识。教学中若对此缺乏应有认识，就难以揭示语言中深刻的文化内涵。这就要求师生对文化因素要有相当的敏感度，尤其是对文化相关现象的洞察，不要被貌似相同的形式和相同的意义等表面现象所迷惑。另外，洞察意识还要求正确区分出教学中两种不同功能的文化因素，以便有针对性地进行交际文化教学。当然，是否有洞察意识还取决于师生本身的文化素养水平。因而，只有大力提高自身的文化素质，尤其是两种语言与文化的素质，才是确保具备洞察意识的关键。

5. 文化鉴别能力

它包括两个方面：一是去伪存真，二是去粗取精。所谓去伪存真，就是从纷繁多样的文化因素中去掉虚假的、表面的内容，而保留真实的、典型的内容。也就是说，对于交际文化因素要选择那些具有真实和典型意义的部分，即能如实反映所学语言国现实的材料，而不是虚假的或孤立的、属个别现象的材料。所谓去粗取精就是通过有目地地选择除去文化因素中消极的部分，而留取积极的、精华的部分。这是因为语言除有交际功能、文化载蓄功能外，还有特有的教育教养功能。因而对于其他的文化，我们应有足够的鉴别能力。

6. 存我意识

跨文化交际是语言与文化的双向交际，但完全失去"我"文化的交际就会变成了单向的文化交际。因此，日语教学中保留一定的自我文化是必要的，不要以牺牲自我文化而求取目的语文化。在这方面，日语教师要进行正确引导，使学生具有"存我意识"。

(三) 跨文化交际意识培养的课堂类型

如果文化教学只是简单地将文化理论灌输给学生，那么学生会逐渐对目的语及其文化学习丧失兴趣，也就无法培养学生的跨文化交际能力。实际上，在文化教学过程中，除了要将丰富的理论知识传授给学生之外，教师还需要设计出具体的课堂教学活动，形成有趣的跨文化交际课堂，有利于学生更好地理解和体会目的语文化以及目的语文化中人们的行为。只有这样才是真正有意义的跨文化课堂，才能真正地提高学生的跨文化交际能力。根据文化教学方式的不同以及实施方式的不同，我们将跨文化课堂大致划分成以下八种类型。

1. 体验目的文化型

对于这类型的文化教学活动能采用的形式有很多，如邀请专家举办某一主题的讲座，可以安排一些问答的环节，让学生能够真实地体验一些社会场景。此外，教师还可以鼓励学生多与目的语文化的人接触，如果能找到年龄相仿的目的语文化成员就更好，二者之间可以交流共同的兴趣话题，进一步增强学生对目的语文化的了解。

2. 教师讲解与展示型课堂

在文化教学中，教师的课堂讲解是非常重要的，但是文化教学不仅仅是教师讲解的活动。学生还要学会从周围的同学或者目的语文化的成员身上学习文化知识，甚至要比从教师身上学到的多。在文化教学课堂上，教师不应该仅仅是一个演讲者，而是要成为文化教学活动的组织者和倡导者。

3. 欣赏音乐型课堂

音乐本身就是不分国界的，可以说是一种国际化的语言，学生可以通过欣赏音乐作品来学习目的语及其文化内涵，使学生在轻松愉快的氛围下学习，激发学生的学习兴趣。在音乐课堂活动中除了可以欣赏不同类型的音乐之外，还可以进行唱歌、写歌、演奏乐器等活动。可见，音乐欣赏是指以具体音乐作品为对象，通过聆听的方式及其他辅助手段，如阅读、分析乐谱和有关背景材料等来领悟音乐的真谛，从而得到精神愉悦的一种审美活动。[①]

4. 展示实物与绘画型课堂

教师在跨文化课堂上可以布置一些目的语文化的实物、照片以及图画，为学生营造出良好的目的语文化氛围，让学生置身其中，时刻感受目的语文化的象征物。这一类型的课堂活动有利于学生将母语文化和目的语文化进行对比。教师可以让学生们猜测这些物品的用法、意义等，加深学生对目的语文化的理解。

5. 文化模拟型课堂

文化模拟活动的形式也有很多种，并且都能够帮助学生学习第二语言，了解目的语文化。同时，文化模拟活动还可以帮助学生分析在跨文化交际过程中产生的误会和矛盾。例如，进行角色扮演的文化模拟活动，学生可以在一个比较轻松的环境下，呈现文化并及时发现语言和文化上的错误。

6. 调研型课堂

这一类型的课堂活动主要是由学生自行选取和设计的，既可以以个人的形式开展，也可以与他人合作进行。这类的活动一般在大学阶段的课堂活动中使用，学生可以自行设计并实施文化学习活动。例如，目的语文化中某些菜肴的讲解、针对目的语文化成员某些方面的调研、对目的语文化中某一时期音乐的简单研究等。这些都是很典型的活动，教师可以给予一定的启发，促进学生进一步的创新。

7. 学习风格清单型课堂

这种课堂活动类型比较能引起学生的兴趣，为学生提供大量的文化信息，引导学生去观察来自不同文化的学生展现出的不同学习风格，同时，也能够体现出不同文化的信仰。学生很喜欢这种课堂活动形式，乐于列出不同种类的学习风格清单。分析不同文化群体的学习风格是非常有趣的，学生不但需要思考其他文化成员如何看待学习，还需要分析怎样的策略能够帮助他们学习文化和语言。当然，并不是同一文化背景就会产生一样的学习风格，不同文化也会产

---

① 刘霄. 音乐教学与艺术欣赏 [M]. 长春：吉林美术出版社，2021：146.

生相似的学习方式。例如，大多数的亚洲学生都比较内向，但是分析能力很强；大多数的西班牙学生性格外向，学习风格比较开放。

8. 课堂讨论型课堂

课堂讨论活动可以采用不固定的文化讨论形式，也可以只针对某一文化的特定方面进行讨论。这一类型最重要的作用是培养学生的文化意识。课堂讨论活动的实施需要刺激方法和输入方法的配合，如阅读文化作品、模拟文化活动等方式。

二、跨文化交际能力

（一）跨文化交际能力的内涵

跨文化交际能力是指跨文化交际环境中的交际能力，指具有不同文化背景的人之间进行交际时具有的强烈的跨文化意识，善于识别文化差异，排除文化干扰，成功进行交际的能力。它包括语言交际能力、非语言交际能力、语言规则和交际规则的转化能力及文化适应能力。

跨文化交际能力是一个新概念，关于它的界定仍在不断讨论中，拜卢姆等学者提出跨文化交际能力应由态度、知识与技能三方面构成：

1. 态度

跨文化交际能力概念中所包含的"态度"，主要是指对交际对象不同于自我的观念、价值观与行为的看法和表现。为达到互相沟通的目的，交际者需要对交际对象的社会文化持有好奇与开放的心态，有意识地发现其他文化的特征，并主动通过与交际对象的接触与社交加深对它们的认识。

2. 知识

交际场合需要的社会文化知识包括两方面：一是本人与交际对象的国家或民族的社会文化知识；二是在交际过程中如何根据实际需要恰如其分地运用已学的社会文化准则控制交际进程的知识。教学中应导入的文化内容可以概括为语义文化和语用文化。

3. 技能

学习者需要掌握的社会文化技能包括两方面：第一种技能是在接收信息以后，根据已掌握的社会文化知识对信息进行分析以达到理解与说明的目的；第二种技能是在此基础上发现新信息，并将它们连同第一种技能处理的信息一起提供交际使用。这两种技能的结合便使已掌握的社会文化知识得以运用到交际的实际中去。

（二）跨文化交际能力的核心内容

跨文化交际能力的核心内容就是文化移情。跨文化交际学作为重点研究不同文化之间有效交流和沟通的学问,将文化移情和文化移情能力等问题作为一门显学进行重点研究是很有必要的。交际主体的认知和情感如果不能摆脱自身本土文化积淀形成的思维定式的影响,打破自身心理投射而导致的认知雷同框架的束缚,站在他者的公平客观的立场上进行体验,即进行有效的文化移情要想自觉地避免因文化差异而产生的文化冲突,让多元文化通过磨合、渗透、互馈并在此基础上达到新的建构,最终出现多元"和而不同"的理想境界,这也是不可能实现的。

在跨文化交际中,不同文化背景的交际主体由于文化取向、价值观念、宗教信仰、伦理规范、思维方式、生活方式等方面的个性特征,使他们在信息的编码和译码、言语和非言语行为、语言使用规律、语篇组织结构等众多方面表现出差异性。不能正视、感知和调解这些因文化不同而表现出的文化差异,在跨文化交际中容易引发误解、偏见、纠纷、摩擦和矛盾,这也是在跨文化交际中需要文化移情以及需要提高文化移情能力的重要原因。

文化差异性的存在既是客观的,也是十分正常的。正是因为文化的多样性和差异性,才表现出文化的丰富性和生动性,使多样性的文化在发展中呈现出勃勃生机。文化的多样性促使不同文化之间竞争高下,促使人们从异质文化中看到应该学习的长处,诱发人们的灵感促使文化的革新。因此,没有文化的多样性和差异性,也就谈不上文化的丰富性和创新性,也就没有文化移情和提高文化移情能力的必要。

全球化加剧了人类文化的多样性和差异性。地球由于交通和通信等的日益发达而越来越小的状况,促使了个人层面上的全球化,即个人生活越来越超越自己原有的生存空间而具有显著的跨国特征。"一人多地制"和"一人多时制"的现象会越来越普遍。只有自觉地进行文化移情,在心理和情感等方面超越本土文化的羁绊,做一个多元文化人,才能有效地同不同文化背景的人和谐相处,减少文化摩擦,适应社会发展的需要。在大学日语教学中,重视文化移情使学生掌握文化移情的艺术和方法,这是提高他们的日语综合应用能力。在跨文化交际中减少由文化错误而引发文化冲突以及达到双向顺利沟通的有效途径。

讨论移情过程所具有的潜在的作用和功能是很必要的。文化移情涉及两个层面:其一是感情基础,要肯定自己的积极感情并能够以积极方式驾驭自己的感情,避免对他人采取偏见和刻板化的态度;其二是认知层面,移情包括译解和区分自我与他人的逻辑、意图、思维方式、批判思维以及修辞可能性。移情过程可以被综合成五个主题:第一,作为客观化的移情;第二,作为模仿的移情;第三,作为角色扮演的移情;第四,作为认识的一个选择或顺序的一个步骤;第五,作为心理模式的移情。这里将文化移情视为交际主体在跨文化交际过程中，为了保证不同文化之间顺利沟通而进行的一种心理体验、感情位移和认知转换，即有意识地超越民族本土语言文化定势的心理束缚，站在另一种文化模式中进行思维的心理倾向。因此，文化移情要求在本土文化浓郁氛围中成长的交际者尽可能地摆脱本土文化的影响，用异族文化可能的思维方式去思维，以便在不同文化之间找到切换和连接的共同点。跨文化交际过程实质上就是文化移情的过程，跨文化交际能力最显著的特征就是文化移情能力，揭示出文化移情的心理机制，就能够掌握跨文化交际的基本规律。

第二节 高校日语教学中培养跨文化交际能力的必要性

在高校的日语教学中，语言结构、称呼、句式等都是学习的重点，而且国家历史和文化都需要语言来承载，是一个民族文化重要的组成部分。因此要想学好日语，就要理解日本文化，所以在日语教学中重要的一点就是要培养学生具备一定的跨文化交际能力。这样不但能够让学生在使用日语时得心应手，还能帮助他们灵活处理文化差异问题，在合适的时间与地点完成合适的交际行为。另外，在日语表达中一般是利用多种借代词的使用将短的句子加长来说，若学生不了解日本文化，那么就难以理解其中的含义。[①]

第三节 高校日语教学中跨文化交际能力培养存在的问题

一、缺乏先进的教学理念与模式

首先，在培养学生跨文化交际能力时，过于重视理论教学而忽视了实践教学。日语是一门语言类学科，教学内容包含"听""说""读""写""译"这几个方面。但在实际日语教学中，教师将教学重点放在了"读"和"写"上，其他三方面则因为实践性较强，很少占用教学时间。学生无法在课堂上获得足够的经验，理论知识很难与实际应用融合，学生的日语交际能力也就不能得到

[①] 李春雨. 日语教学中跨文化交际能力培养模式分析 [J]. 新教育时代电子杂志（教师），2021（4）.

有效提升。其次，高校日语教学依然十分重视应试能力的培养。语言是一门实践性很强的学科，学习语言的目的是应用；但在实际日语教学中，个别教师依然使用题海战术。为了让学生考得日语等级证书，教师只讲理论知识。学生考取了证书，但学生的综合水平十分有限，无法用日语与日本友人顺畅交流，更无法胜任日语口语翻译工作或者同声传译工作。

二、高校日语教师的专业水平偏低

目前，我国各大高校的日语专业教师的专业水平偏低，这直接影响了日语教学的质量。首先，教学理念保守。跨文化交际提出的时间还不长，很多日语专业教师没有意识到跨文化交际教学的重要性，对于与之相关的教学内容也不知应采取何种策略，依然以引导学生参加日语等级考试，加强学生的基础阅读能力与书写能力为主，并没有将提升学生的跨文化交际能力纳入教学目标体系中，教学理念与教学策略还没有及时转变过来。其次，中国和日本都属于东方国家，虽然日本文化与中国文化有着极大的差异，但是日本文化中蕴含了浓厚的汉文化元素。在这种情况下，日语教师最好有在日本生活、工作或者留学的经历，然后将中日两国文化的差异传授给学生，提升跨文化交际教学的有效性。我国大多数高校日语教师并没有去过日本，培养学生的跨文化交际能力就只能停留在科研阶段，教学理论不充分，因而无法保证课堂教学的质量。

三、缺乏合理的跨文化交际课程安排

首先，专门用于跨文化交际教学的课程安排比较少。因为跨文化交际能力的培养首先体现在语法、语音以及词汇方面的理论知识教学上，动词作为语言核心，中日存在很大差异，汉语谓宾动词支配能力体现在宾语数量和类型上，体现出对应关系。此外，还需要对比中日文化差异，加强听力教学以及翻译教学。但现阶段的高校日语教学课程安排依然以理论教学为主，分配给跨文化交际教学的时间非常有限。其次，现阶段的日语教学教材中，涉及的交际案例和交际情境非常少。这样在课堂上培养学生日语情感、帮助学生形成日语化思维的效果就会受到影响。正是因为教材中跨文化交际素材的缺失，影响了日语教学质量的提升，限制了学生跨文化交际能力的提升。最后，各大高校的日语实践活动开展力度不大。要想有效培养学生的跨文化交际能力，必须重视学生的日语实践能力。虽然各大高校都设置了日语交流日，组织开展了日语辩论赛等活动，但是活动频率较低，活动规模较小，对学生跨文化交际能力产生的影响非常有限。①

四、日语文化交际实践活动比较少

语言类学科的教学离不开科学合理的实践过程，但是现阶段许多高校日语教学都缺乏合理的文化交际实践活动安排，无法将日语教学优势完全发挥出来。该问题主要体现在三个方面：第一，实践课程设计在整体课程安排上比重较小。学生在日常学习中长期处于理论知识教学环境中，其实际运用能力会进行退化，仅仅处于浅显的理论掌握状态中。这不仅不利于学生实际交际能力的发展，还会使学生在枯燥重复的理论学习中降低语言敏感性，使其对理论知识的掌握难度日渐提升。第二，现存的日语教学资源较为匮乏，尤其是教材设计得不够全面。就现有的日语教材来看，其中的语言交际板块较少且缺乏时效性与典型性，许多对话内容已经失去了现代交流的适用性，甚至市面上存在的某些辅助教材还会存在某些语言错误、文化错误，这都不利于学生的日语能力发展，不符合跨文化交际能力要求的文化尊重。第三，高校不能为师生提供有效的日语交流氛围和文化交际机会。许多高校缺乏为师生提供与日本高校进行师生交换的能力，教师与学生不能够在足够有利的环境中发展自身能力。此外，学校也很少举办高校间的日语教学交流会，导致日语教学处于一个被束缚的发展状态，尤其不利于学生日语教学中的跨文化交际能力发展。②

第四节　高校日语教学中学生跨文化交际能力的培养路径

随着我国对外开放政策的不断深入实行，中日两国在经济、政治、文化等方面的交流越来越频繁，国家对于高质量的日语专业人才的需求也日益紧迫。高校日语教学作为培养日语专业人才的重要手段也面临着更高的要求。以培养高质量、应用型日语专业人才为目标的高校日语教学应注重进一步提高日语的教学水平，着重培养学生的实际运用能力。在确保完成理论知识教学的基础上，应注重渗透和引导学生掌握中日两国在文化方面的差异，以达到跨文化交际能力方面的培养目标。③

---

① 李叶萌. 高校日语教学中跨文化交际能力的培养路径 [J]. 现代交际，2020 (10).
② 王强. 探析高校日语教学中跨文化交际能力培养策略 [J]. 教育现代化，2021 (2).
③ 方嫄. 高校日语教学中跨文化交际能力培养策略 [J]. 北京印刷学院学报，2019 (12).

第八章　高校日语教学中学生跨文化交际能力的培养

一、创新高校日语的教学模式

在高校的日语教学中，要想有效培养学生的跨文化交际能力，教师就必须根据日语教学的实际需求，在原有教学理念基础上创新日语教学模式。首先，营造文化语言环境，将日本语言文化的教学内容融入日语教学的课前环节、课中环节以及课后环节。例如，可以将日本的茶道、花道、书道等生活文化以及"悲""枯"等情感文化有针对性地融入课堂教学，激发学生对日语的学习兴趣，提升学生的日语交际交流能力。其次，教师要转变日语教学中存在的功利性思想，设置立体化的日语教学目标，在传授学生日语基础理论知识的同时加强学生日语文化情感和语言交际能力的培养，不要将教学重点仅集中在日语等级考试上。教师应培养学生的日语素养，全方位提升学生在日语方面的"听""说""读""写""译"能力。

创新日语教学模式，突出人文素养培养，这就需要注重文化环境与语言环境的融合，并且加强文化导入的力度、强度、深度等。其一，教师在教材选择中除了对指定教材的选用外，还应该根据当下的热点、学生的个人兴趣等方面引进不同的教材，贴近日本真实的生活，拓展教材的载体和扩宽教材的丰富程度、使日语的学习素材更加生动，更加贴近学生的生活，从而激发学生对日本文化的兴趣。其二，文化能力培养，日语教学中可以通过影视、歌曲、书籍作品等全方位、立体式的日本文化的引入，提高学生的文化理解能力和文化赏鉴能力，还可以通过日常行为习惯，从握手、鞠躬、点头等交流辅助行为入手，加强学生在日语运用中的洞察力和学习能力。[1]

二、提升高校日语教师的专业水平

在高校日语教学中，教师是教学的主要实施者，教师的专业水平直接决定了日语教学质量。因此，要想有效培养学生的跨文化交际能力，就必须提升日语教师的专业水平。

1. 提升日语教师的双语文化素养

教师可以通过以下几种方法加深自身的文化内涵，完善自身的知识架构：第一，阅读中日文学作品，加深对中日两国文化的理解；第二，通过互联网了解中日时事政治、经济、文化、贸易等方面交流发展情况，对中日两国关系有更加深刻的理解，并以此为基础研发出有效的跨文化交际教学方法；第三，利

---

[1] 萧春乐. 高校日语教学中跨文化交际能力培养策略的应用[J]. 新一代，2019（16）.

用寒暑假去日本考察和旅游，并与日本文化工作者交流沟通，深度理解日本文化。另外，高校还可以为日语教师提供出国留学、培训以及旅游的机会，让教师与日本文化近距离接触。

2. 组织教研活动并更新教学方法

在传统的理论讲解教学方法中融入案例法及互动性讨论法，活跃课堂教学氛围，让学生积极主动地参与课堂互动，通过口语交际训练和案例探讨来培养并提升学生的跨文化交际能力。教师注重现有教学方法的创新，将慕课教学、混合式教学等与跨文化交际教学结合在一起，引导学生根据自身的职业规划，有针对性地涉猎日本文化知识，对比日中文化，了解其中的差异性，最终形成独有的跨文化交际方法。

三、拓展高校日语的语言交际环境

首先，组织开展各种实践教学活动，如日语情景剧、日语漫画节、茶道文化交流活动以及书道文化交流活动等；通过实践活动帮助学生了解日本的风俗习惯。活动中应当设置一个专门的日语互动环节，让学生用日语沟通交流。其次，根据实际情况筛选跨文化交际教学素材。利用新媒体、互联网等可视性教学手段让学生更直观地了解日本文化，通过各种渠道搜集具有交际情境的日语教学素材，提升学生的日语交际能力。另外，教师还要加强教学讲义的编写，或根据校内日语专业学生的学习需求编写校本教材。再次，加强日语跨文化交际实践教学。高校与当地的日企合作，为学生提供更多的日语实践机会；或组织开展校外日语交际活动，让学生了解各种语言环境中口语交际用语的使用标准。最后，引导学生在课下进行自我实践能力培养，鼓励学生涉猎日语影视作品、历史书籍以及时事新闻，使其在潜移默化中提升自身的跨文化交际能力和跨文化翻译能力。

四、改革课程的设置提升学生的人文素养

随着国际交流的不断深入，新世纪的优秀人才必须应该具有高尚的道德情操、实践能力、团队合作能力、社会适应能力、与他人的沟通表达能力等。这就要求高校的日语教学改革要跟上社会需求的步伐，在课程设置方面，加大多样化选修课的开设，注重对学生鉴赏能力的培养，实现学生在知识、能力、态度、素养方面均衡发展，整体同步提升；同时注重跨文化交际能力中显性和隐性作用要素的共同培养。根据高校学生接受日语知识的特点，课程改革可以根据不同学习阶段对学生提出不同层次能力的要求，具体如下：

大一、大二基础阶段：语言知识能力，学生系统全面学习掌握日语语言基本知识，简单听说读写技能；文化能力，学习和体验日本国家的文化，了解文化的各个层面以及本族文化与日本文化之间的差异，增强跨文化意识，根据交际场合调整自己的言行，与来自其他文化背景的人们进行得体、有效的交际；综合素质，帮助学生养成良好的学习习惯，发展自主学习能力，形成有效的学习策略，培养记忆、思维、观察和想象能力，形成健全的人格。

大三、大四高级阶段：语言运用能力，在日语基础阶段的学习上，使学生进一步巩固、夯实日语基础知识，强化听说读写技能，提高日语交际能力，通过模拟实践环境，重点培养学生运用日语进行跨文化交际的意识；跨文化交际能力，使用多样化的教学策略，提高跨文化交际能力，形成多角度、立体的思维模式，进一步提升日常交际能力；综合素质，培养学生自主学习、获取知识、独立思考、创新实践的能力，培养学生的自主学习能力可以帮助其树立终身学习的思想。[1]

五、创设课外的日语跨文化学习环境

作为学生层面，学生在学习日语语言文化的同时要不断创造、寻求机会，去进行跨文化交际能力的体验，以便增强文化差异的敏感性，逐渐培养跨文化交际能力的意识态度。学校可以积极鼓励学生参加社会办学机构提供的日语培训项目，有意识地参与各种日语交际活动。学校可以制定一些规章制度，鼓励、督促学生参加第二课堂活动，拓宽学生视野，培养学生自主学习的能力。在这一过程中，需要注意方案的灵活性，根据各自特点和学生年级特点，制定出每个学期的第二课堂活动实施方案，明确活动的目的、意义、内容、形式及负责教师，如制定《日语语言综合技能实训》方案，依托外国语学院第二课堂活动（专业竞赛类）开展，可以鼓励学生参加日语语音模仿比赛、日语演讲比赛、日语书法比赛、日语作文比赛、日语翻译竞赛、日本国情知识竞赛等。

另外，也可以通过某项日语资格考试，强化学生口语表达交际能力，如鼓励学生参加标准商务日语考试、国际商务日语等级考试、日语商务礼仪技能等，提高学生的日语实践运用能力。使学生掌握使用日语工作的基本方法和操作技能，具备从事日语工作能力的基本素质和良好的专业能力，最终达到培养学生跨文化交际能力、提高学生语言综合素质的目的。

---

[1] 梁利苹，莫璐萍，齐乐. 大学生班级辅导教程［M］. 北京：航空工业出版社，2021：182.

六、重视高校日语师资队伍的培训

培养具有较强的跨文化教学教育团队是一个更加复杂的、系统的工程，且实践性更强。对于其培训可以从跨文化交际教学以及跨文化交际能力两个模块进行。对于教师跨文化交际教学的培训应该从教师自身跨文化素养的提升进行，设计文化教学大纲和教案，并选择有效的文化教学方法。高校可以采用邀请专家讲座的说教式与实例体验的体验式相结合的培训方法，使教师具备熟练掌握跨文化外语教学的技能方法。如通过经典案例的研究与讨论，让教师了解不同交际风格可能产生的交际冲突和误解，通过观察与体验等方式，让教师进一步了解跨文化交际与交流合作以及产生的冲突，并进行讨论、交流、反思等。

跨文化交际能力的培训可以从跨文化模拟练习、真实的文化交流摩擦开始。与日籍教师交流，能够带给教师强烈的感觉，体验到克服文化冲突的困难。也可以让培训的教师一起分享讨论、反思自己的跨文化交际经历和体会。在这一过程中有意识地记录自己的跨文化交际学习体会，为以后在课堂上的实践教学提供素材。需要注意的是，培养具有跨文化交际能力的日语教师，特别是跨文化交际能力的教学团队不是一件简单的事情，不可能通过一两次短期的研修培训就能达到，它是一个复杂、长期的过程。

七、编写日语与跨文化交际结合的教材

教材选用注重教学材料的真实化、语境化、多样化以及加强教材与练习的编排设计。学校要注重选用现实生活中使用的、真实化的教学材料。无论是文法、课文内容的讲解，都尽可能选用现实生活中真实的语言文化材料。语言内容要与文化内容有机结合，将语言的教学内容与系统的文化内容融为一体。在基础阶段的教材中可以采用让学生了解日本饮食文化、花道文化等比较浅显、具体、容易理解的日本文化。在高年级阶段的教材中可以向学生介绍日本文化、中国文化、欧美文化等不同文化的价值观、消费观、人生观的真实对比材料，反复、多次呈现给学生，使学生全面、深刻地领会不同国家之间文化意识的差异。这样的教材内容有利于学生由浅入深、在真实的语境下学习跨文化交际知识，促进学生跨文化意识的形成和跨文化能力的掌握。这样将语言教学与日常生活、社会需求结合起来，有利于激起学生日语学习兴趣，使其能够真实面对社会情景学以致用，通过对学习真实交际情景的体验和过程的反思，消除课堂教学中的焦虑，实现课堂教学的有效交际互动。

八、重视语言交际与非语言交际的应用

跨文化交际从语言的交流形式上来看，通常分为语言交际和非语言交际。语言交际是以直观的语言、文字进行交流，而非语言交际则是以语言之外的方式进行交流，如目光、肢体动作、发型、化妆等，特别是服装、身势语等体现文化的元素，不同的国家和民族则有着不同的表达方式。通过非语言交际行为，能够准确地传递出自己所要表达的内容，在很大程度上避免了因为语言不通而带来的交流问题，促进了不同文化之间的相互融合。[①] 语言和非语言都是文化的重要载体，因此，从语言交际和非语言交际两部分来寻找中日交际中的异同点十分有意义。

（一）语言交际

在跨文化交际中，语言是最直接的沟通媒介。人们想要快速融入当地社会，最有效的方法就是学会一个民族的语言。但是只去了解语言的表达形式则会过于片面和单薄，探索语言背后蕴含的深刻文化内涵才是重中之重。

在汉语和日语中，"寒暄"的概念基本上是相似甚至是相同的，中国人与日本人经常会在说到正式谈话主题之前加一些寒暄的话，以至于其他国家的人经常听很久却找不到谈话的重点。另外，在中国和日本的文化中多有强调委婉、谦和和尊敬的词语，敬语体系丰富，礼貌用语系统也非常发达。在汉语交际中，经常会用到"吃了吗"等日常用语，可以称作为"打招呼"或者"客套话"，这些只是特定环境中向对方表示友好、热情和礼貌的一种表达方式，并没有十分明确的含义。而在日语中也存在这样的词，相当于中文中打招呼的总称，可以在很多场合使用，来表示寒暄，但在内容的传递方面也较为片面。除了一些文化相似的现象，中日交际中的语用差异则更加需要我们去关注和研究。

虽然汉语和日语的"礼貌用语"系统都相当发达，但根据不同的语境，用法也有所不同。中国人在交际过程中更喜欢表现双方关系密切，并且主动运用一些亲属称谓，表达尊敬的同时拉近双方心灵的距离。而在日语交际中，则更加重视对方的准确身份，从而采用不同的措辞方式，在社交过程中也更加注重分寸感的把握。另外，中国和日本都非常注重人际交往中"和"的精神，但双方在"和"的理解上存在非常大的差异。中国人认为"和"是求同存异、关系亲近的尊重和包容，而日本人则认为"和"是保持一定礼貌距离，避免

[①] 张云鹤，黎海情. 跨文化交际研究［M］. 成都：电子科技大学出版社，2020：46.

冲突和自我保护。

中国人经常在打招呼时，表达对对方家人和朋友的关心，哪怕涉及私事，对方也可以顺利接到其中寒暄的情感因素，交际内容和方式更加灵活多变，顾忌相对较少。但是在日本，过分关心的问候和涉及对方私事的询问都是交际中的"大忌"，日本人则会选择一些大家都可以关注到的话题进行寒暄交流。在提问和回答的过程中存在一定的模式化，语言的选择和表达也相对固定，最重要的是会刻意地避免谈论隐私的话题。

在道谢方面中日交际也存在着差异，中国人在受到他人的帮助时，更加喜欢用迂回间接的方式来表达感谢之情，例如，在表达过程中用大量程度副词突出感谢的程度，或者通过夸赞对方的能力和人品肯定对方的行为，又或者是通过一种补偿式的致谢方式，如"下回有什么事一定要来找我"等。因为中国人经常感觉内心的感恩之情无法仅仅通过口头来表达，而是更加注重行动上的回报。日本人则更加注重外在形式。日本人常常使用道歉的方式来表示道谢。

（二）非语言交际

虽然语言作为最常用的交际工具，其承载的信息也最为丰富直观，但在成熟的语言体系出现之前，原始文明的人类则通常使用另一种有效的交际方式——非语言交际。非语言交流就是在人际交往的过程中，人们不采用言语来进行信息传递，而是通过目光、肢体动作、手势等方式达到交流思想和联络情感的目的。语言表达对交际的重要性显而易见，而非语言交流也是人们不可忽略的重要部分，有时非语言表达中蕴含的信息甚至更加真实，也更加贴近表达者的实际想法。

中日两国在交流过程中都是更加重视"语境"而非"内容"，在表达上也存在一些"言外之意"，但中国人对体态动作、表情神态以及副语言的使用都比日本人都更为外放。具体来看，中日两国在非语言交际方面的差异体现在肢体语言、眼神及面部表情、空间观念等方面：

第一，在肢体语言方面，日本人在餐前经常会说礼貌用语，并伴有双手合十的手势来表达对厨师或主人的感谢，在餐后同样会再一次使用礼貌的话语来表示感谢，可见其在餐桌礼仪方面的表现同样十分的细致。而中国人在用餐时更注重的是通过俯身敬酒、敬茶这样的方式来表达对厨师或主人的感谢。又如，在向他人表示"我"的时候，日本人通常会用指尖指向自己的鼻子，而中国人则通常会摆手示意或手拍胸脯。

第二，在眼神及面部表情方面，由于日本人在观念上认为直视对方是不礼貌的，同时认为直视对方是不尊重地方隐私的表现，因此在交流中会避开直视。而在中国，通常在交流时以直视对方眼睛为一种礼貌且尊重的表现，中国人更喜欢在交谈中以眼神表达认可、欣赏、不满等感情。在面部表情方面，中日两国在面部表情方面的表达均属于较为含蓄的类型，但仍存在一定的差异。

第三，在接触的文化方面，中国拥有"接触性文化"，而日本则有着"低接触文化"。例如，在与他人见面时中国人通常会礼貌性地伸手与对方握手，以表示尊敬和礼貌，同时也是一种表达友好、主动的肢体语言。而日本人在与他人见面时，通常以鞠躬为主，避免肢体的接触，甚至是在行走或是排队时，也会十分注意保持距离。这种空间上的非语言交际差异非常能够代表日本文化与中国文化的差异。

九、高校日语教学中运用先进技术手段

互联网技术的高速发展，为人们的生活及学习提供了极大的便利。在教学过程中，互联网可以帮助教师上网查找资料，下载辅导视频，也可以辅助学生制订学习计划，完成自主探索。科技的进步使日语的学习不再只局限于课堂和书本，教师将网络资源与纸质教材进行有机结合，精心优化教学内容，丰富现代教学方式，激发学生求知欲望，从而提升学生的跨文化交际能力。

多媒体辅助日语教学相较于传统的教学方式毋庸置疑有着非常明显的优势，它集图片、动画、文字、声音于一体，给学生带来多种感官上的刺激，更有利于学生牢记所学的知识和技能。丰富的图像和生动的情节有利于学生理解和掌握日本的文化知识，引导学生将所学知识与现实中的情景联系起来，从而取得学习的"最佳效果"。[①]

学生是教育的主体，课堂的主人，在教学过程中尊重学生的意见和要求则尤为重要。不论是教师授课方式的完善，还是教学模式的改变，都离不开学生的支持与参与。教师改变某种教学方式时，可以利用网上评教系统了解学生对新型教学方式的接受程度和意见建议，采纳合理的建议，及时调整策略，这样才能极大地调动学生对日语文化学习的积极性，达到事半功倍的效果。

十、扩充与完善高校日语的教学资源

教材在哪个阶段都会有非常重要的作用，特别是在当前的大学教育阶段，无论是教材编制者或是师生，其都应该深入地研究教材，从而更好地开展日语

---

① 白红梅，何桂花. 高校日语教学中培养大学生跨文化交际能力的策略研究 [J]. 太原城市职业技术学院学报，2023（2）.

的日常教学活动和学习活动。教材在教育当中是教学的主要依据，并且对于学习活动的影响非常关键和明显。跨文化交际能力培养的具体内容以及相关的形式要求，还需要结合学术界对于跨文化交际能力的一些研究，并将其体现在具体教材设计中。为了确保当前大学日语教学过程能够科学进行，教材编制者需要对当前教育改革的一些要求和需求进行深入的探究和分析，关注培养学生跨文化交际能力的主要策略和方法，明确当前大学日语教学中使用的几种教材分别呈现出的优点和缺点，从而更好地让学生规避其中不良的教学内容，更好地去学习日语。教材与实际运用的强烈对接是日语教材编制者所需关注的重点方向。对大学阶段的教材进行创新改变是一个长期的过程，教材编制者不仅仅需要将其中的内容和当下时代的发展相结合，也需要对教材的形式进行创新。学生的实际需求才是教材改革中需要关注的一个重点内容，将目前关注的跨文化交际能力的培养思路和培养方法融入教材中，使得教材的内容和教材编制者的教学方法两者相适应，让学生获得更好的日语学习体验，保证学生能够从学习中收获更多。

参考文献

［1］安小可. 跨文化交际［M］. 重庆：重庆大学出版社，2019.

［2］白红梅，何桂花. 高校日语教学中培养大学生跨文化交际能力的策略研究［J］. 太原城市职业技术学院学报，2023（2）.

［3］蔡静. 跨文化交际中的文化自信研究［M］. 北京：新华出版社，2022.

［4］曹新宇. 高校日语课堂教学评价体系的应用研究［J］. 长江丛刊，2017（20）.

［5］陈丽. 跨文化交际视角下大学日语的教学途径［J］. 大连民族大学学报，2021，23（4）.

［6］陈肖生. 辩护的政治［M］. 北京：生活·读书·新知三联书店，2018.

［7］程青，张虞昕，李红艳. 日语教学理论与实践模式研究［M］. 长春：吉林人民出版社，2019.

［8］楚军. 语言学通论［M］. 成都：电子科技大学出版社，2021.

［9］范冬妮. 高校日语教学中本土文化失语现象分析［J］. 辽宁师专学报，2015（2）.

［10］方嫄. 高校日语教学中跨文化交际能力培养策略［J］. 北京印刷学院学报，2019（12）.

［11］房玉靖，姚颖. 跨文化交际实训 第3版［M］. 北京：对外经济贸易大学出版社，2020.

［12］高淑娟. 探究语言文化特征 提升日语教学质量——评《日语语言学理论研究与日本文化探析》［J］. 山西财经大学学报，2021（5）.

［13］高逸群. 翻转课堂在高校基础日语教学中的应用［J］. 科技资讯，2021（27）.

［14］高远. 高职商务日语专业情境式教学策略探讨［J］. 现代商贸工业，2023，44（9）.

［15］郭晶晶. 跨文化交际与英语教学的融合研究［M］. 北京：北京工业大学

出版社，2019.

[16] 郭莉莉，王玉秀. 跨文化交际视角下日语翻译教学研究［J］. 海外文摘·学术版，2021（1）.

[17] 何娜，迟程. 人才市场需求视域下的高校日语教学改革［J］. 四川劳动保障，2023（6）.

[18] 何源，刘振鹏，向丽娟. 教育技术与思想教育研究［M］. 汕头：汕头大学出版社，2021.

[19] 洪莹. 应用型本科高校日语教学中跨文化交际能力培养研究［J］. 黄山学院学报，2020（4）.

[20] 黄黎. 跨文化交际称赞语言特征与文化表现模式［J］. 产业与科技论坛，2023，22（10）.

[21] 姜东霞，屈连胜，何杰，等. 跨文化交际视角下的外语教学与学生综合能力的培养［J］. 教育教学论坛，2020（25）.

[22] 蒋丽霞. 文化视域下的高校英语教学研究［M］. 北京：北京工业大学出版社，2021.

[23] 蒋晓萍，张嘉洛. 论跨文化交际伦理规范构建［J］. 长沙大学学报，2022，36（4）.

[24] 金冰，綦婧. 基于人文哲学的日语教学中跨文化交际能力培养策略研究［J］. 长春大学学报，2021，31（2）.

[25] 金盛爱. "翻转课堂"在高校基础日语教学实践中的应用［J］. 智库时代，2020（1）.

[26] 孔云. 经典教学理论与课堂教学应用［M］. 北京：海洋出版社，2018.

[27] 李冰清. 高校日语教学中的文化导入［J］. 现代职业教育，2022（6）.

[28] 李春兰. 跨文化交际理论应用于高校英语教学的实践研究［M］. 徐州：中国矿业大学出版社，2018.

[29] 李春雨. 日语教学中跨文化交际能力培养模式分析［J］. 新教育时代电子杂志（教师），2021（4）.

[30] 李凤，宋学东，万瑾. 高校外语学科课程思政教学设计案例选编［M］. 天津：天津人民出版社，2022.

[31] 李红梅. 跨文化交际与口译实践融合研究［M］. 长春：吉林出版集团股份有限公司，2022.

[32] 李红侠，春光. 中外语言教学研究［M］. 延吉：延边大学出版社，2019.

[33] 李明慧. 日语教学中跨文化交际能力培养策略研究［J］. 林省教育学院学报，2020，36（5）.

[34] 李叶萌. 高校日语教学中跨文化交际能力的培养路径[J]. 现代交际, 2020（10）.

[35] 梁利苹, 莫璐萍, 齐乐. 大学生班级辅导教程[M]. 北京: 航空工业出版社, 2021.

[36] 林俊良, 张士伦, 覃雪梅. 人文与经济地理学实习教程[M]. 武汉: 武汉大学出版社, 2022.

[37] 林明东. 社会文化理论与二语习得研究[M]. 北京: 新华出版社, 2020.

[38] 刘丹. 跨文化交际背景下高校日语教学中本土文化的失语现象及对策研究[J]. 山西经济管理干部学院学报, 2022, 30（3）.

[39] 刘锦芳. 当代英语翻译与教学实践创新研究[M]. 北京: 北京工业大学出版社, 2019.

[40] 刘静. 哲学与美学的历史维度[M]. 长春: 吉林人民出版社, 2021.

[41] 刘清哲. 高校日语教学与文化导入路径研究[J]. 亚太教育, 2021（17）.

[42] 刘霄. 音乐教学与艺术欣赏[M]. 长春: 吉林美术出版社, 2021.

[43] 刘雨蓓. ESP教学方法改革与教师专业发展研究[M]. 青岛: 中国海洋大学出版社, 2019.

[44] 罗俊, 李树枝, 侯丽梅. 基于高效课堂视角下的英语教学研究[M]. 青岛: 中国海洋大学出版社, 2018.

[45] 欧阳魏娜, 侯飞亚, 刘子涵. 大学外语教学中的慕课和翻转课堂研究[M]. 北京: 世界图书出版西安有限公司, 2018.

[46] 裴蕾. 日语跨文化交际能力培养的结构因素解析[J]. 吉林广播电视大学学报, 2019（5）.

[47] 彭言. 情境教学法在日语教学中的应用[J]. 西部素质教育, 2018（20）.

[48] 邱红艳, 孙宝刚. 现代教育技术[M]. 重庆: 重庆大学出版社, 2020.

[49] 任永进, 贺志涛. 跨文化交际背景下的中西文化比较研究[M]. 北京: 中国大地出版社, 2019.

[50] 任净, 庞媛. 跨文化教育和跨文化交际教育研究[M]. 北京: 北京对外经济贸易大学出版社, 2021.

[51] 史小兰. 英语语言文学与文化理论研究[M]. 西安: 西北工业大学出版社, 2020.

[52] 宋世磊. 多元化评价在高校日语专业教学中的应用[J]. 科教导刊, 2017（10）.

[53] 宋艳军, 彭远, 凡素平. 全球化语境下的日语文化教学研究 [M]. 青岛: 中国海洋大学出版社, 2019.

[54] 唐旻丽, 崔国东, 盛园. 跨文化视角下的英语教学理论与方法探究 [M]. 长春: 吉林人民出版社, 2021.

[55] 王惠莲. 对外汉语教学方法与教学模式的创新实践 [M]. 长春: 东北师范大学出版社, 2020.

[56] 王丽娟, 卓晓华. 跨文化交际视角下的高职英语阅读教学 [J]. 海外文摘·艺术, 2022 (21).

[57] 王璐, 崔丽红. 计算机虚拟现实技术 [M]. 延吉: 延边大学出版社, 2022.

[58] 王强. 从语用行为失误看大学日语教学 [J]. 文学教育, 2018 (20).

[59] 王强. 探析高校日语教学中跨文化交际能力培养策略 [J]. 教育现代化, 2021 (2).

[60] 王秋思. 高校日语教学中母语文化教育的深化研究 [J]. 新教育时代电子杂志, 2022 (12).

[61] 王淑雯, 班颖超, 苏冲, 等. 社会语言学概论 [M]. 成都: 四川大学出版社, 2021.

[62] 王召弟. 日语教学中中国传统文化导入研究 [J]. 课程教育研究, 2017 (29).

[63] 魏雪超. 文化融合思维与英语教学研究 [M]. 北京: 中国商务出版社, 2019.

[64] 吴菡卿. 高职院校日语听力教学现状分析与思考 [J]. 创新创业理论研究与实践, 2018, 1 (19).

[65] 吴煜. 针对高校日语专业学生批判性思维能力培养的实践探索 [M]. 南昌: 江西高校出版社, 2018.

[66] 萧春乐. 高校日语教学中跨文化交际能力培养策略的应用 [J]. 新一代, 2019 (16).

[67] 徐坤. 基于慕课的日语会话课程教学模式构建 [J]. 吕梁教育学院学报, 2019 (1).

[68] 徐莉莉. 互联网时代中混合课堂教学模式研究 [M]. 北京: 北京工业大学出版社, 2021.

[69] 许丽云, 刘枫, 尚利明. 大学英语教学的跨文化交际视角研究与创新发展 [M]. 北京: 中国商务出版社, 2020.

[70] 薛丽. 当代高校日语教学与二语习得研究 [M]. 北京: 北京工业大学出

版社，2019.

[71] 姚娟，徐丽华，娄良珍. 高校英语阅读与翻译教学多维研究［M］. 天津：天津科学技术出版社，2021.

[72] 于康. 日语偏误与日语教学研究 第6辑［M］. 杭州：浙江工商大学出版社，2021.

[73] 张春林. "慕课"背景下的日语泛读课程教学模式构建［J］. 年轻人，2019（28）.

[74] 张德禄. 系统功能语言学与外语教育研究［M］. 上海：上海外语教育出版社，2020.

[75] 张惠玲. 外语教学与文化［M］. 北京：北京工业大学出版社，2018.

[76] 张庆宗，吴喜艳. 新编应用语言学导论［M］. 武汉：武汉大学出版社，2019.

[77] 张薇，郭强. 大学日语课堂应用多媒体辅助教学的适度原则［J］. 北方文学，2018（29）.

[78] 张云鹤，黎海情. 跨文化交际研究［M］. 成都：电子科技大学出版社，2020.

[79] 章斌. 探讨情境教学法在大学日语教学中的运用［J］. 散文百家，2021（9）.

[80] 章樊. 体验式教学模式在高校日语教学中的运用［J］. 科教导刊，2021（13）.

[81] 赵红卫. 大学英语教学模式与跨文化翻译研究［M］. 延吉：延边大学出版社，2022.

[82] 赵挥. 文化差异视域下高校日语教学中学生跨文化交际能力培养探究［J］. 佳木斯职业学院学报，2021（3）.

[83] 赵晓春. 试论日语教学改革与跨文化交际能力的培养［J］. 现代职业教育，2023（4）.

[84] 郑春华. 跨文化交际与英语文化教学［M］. 北京：国家行政学院出版社，2018.

[85] 郑娟. 情境教学法在大学日语教学中的应用研究［J］. 山东农业工程学院学报，2017，34（4）.

[86] 朱红宇. 新形势下国际化人才的跨文化能力要求与培养思路［J］. 对外传播，2022（3）.